清華文史講座

中國古代文化的特質

許倬雲 著

清華文史講座緣起

清華大學在民國七十三年秋創設一個新的學院，稱之為人文社會學院。這個學院的創立雖不敢說是要繼承北平時代清華人文學術的光榮傳統，但是其目標仍在拓展人文學與社會科學的研究領域，使清華恢復成為一個完備綜合大學的理想。三年來，清華在人文學領域一方面已設有中國語文、外國語文、歷史、語言學等系所，不久將來亦擬設立文學研究所，在文史方面之科系可說已略有規模，而教學與研究亦齊頭並進，相輔發展。

清華校方對人文社會學術風氣之提倡亦不遺餘力，首先於七十四年六月全校畢業典禮中，邀請余英時院士蒞校作特別演講，其後每學期均提出相當經費，配合國家科學委員會之資助，供各文史系所邀約極負聲望的學者來校擔任講座，發表系列演講。擔任講座的諸先生，對清華特別厚愛，不是攜講稿來校，就是事後整理成篇，願供清華出版為文史講座，此一雅意，對清華人文社會學院師生是一個很大的鼓勵，我們自然不可能做到真如英時先生期望歷史所同學「學際天人，才兼文史」的境界，但是總希望藉他們提示的經驗與方向，為學術拓展一個新園區。

歷史研究所杜正勝所長為這一講座的策劃最費心力，又經他的接洽，聯經出版公司劉國瑞總經理慨允刊行這一叢刊，謹向他們表示謝意；同時也要再次對過去以及將來支持這一講座出版的學者，敬致謝忱。

李亦園 民國七十五年歲末
寫於新竹清華園

序

這本小書包含了兩個部分：五篇對於中國文化與歷史的觀察，是七十六年六月下旬在清華大學歷史學研究所的講演。另有四篇是七十四年在清華的講演，附屬在沈君山兄所授的通識課程內，其內容則是討論近代科學革命的背景及其未曾在中國發生的一些討論。至於附錄一篇，則是用突破與轉化的觀念，比較幾個古代文明的發生，作爲上述九篇的背景資料。

這幾篇文字所論，大致反映我近二三年來對於中國歷史的一番省思。既是個人的觀點，自是解釋多於敍述及分析，也自然不能與別人的看法完全一致。每個史學工作者，隔幾年有一番省思，至少有助於梳理自己的思路。再隔幾年，我的觀點必然又會有改變。因此，這一本小書也不過是一己心路歷程的里程碑而已，稱不上定論，更談不到成熟。只盼過幾年之後，自己會有更爲周全的詮釋，代表另一階段的了解。

中國歷史，在國內幾乎是史學園地的全部，在國外則是大天地中一個角落。其實，中國歷史的時間長，史料也相當宏富，應當是比較歷史學中主要參考組之一。可惜因爲現代史學是由西方史學傳統發展的，中國的歷史至今仍只是漢學家耕耘的土地，還未引入現代史學的主流。國內外的史學工作同人，尚須共同努力，將中國歷史發展爲世界史的一部分。我自己願爲這個任務，盡棉薄之力，只盼同志日多，則中國歷史可作爲解釋世界歷史意義的重要依據。

最後，謹向李亦園、沈君山、杜正勝及清華大學毛校長致謝，沒有他們的安排，我未必在此時作這一番省思。

許倬雲

目次

上篇　社會與國家

第一講　古代文化發展的特色

今天我要和大家討論的題目，是我這一年多來所思考的問題，基本上想要從比較研究來看看中國文化的特色。如果不加比較，我們很難眞正地看出自己與別人有那些不一樣的地方。我在中國研究的園地裏，摸索學習也有好幾十年了，往往發現在中國史範圍內，自己覺得天下之大只有中國，到外面一看，別處史家治史時，卻是天下之大沒有中國，這種偏差，是長期積弊所造成的。漢學在中國學術圈裏是門顯學，但在世界學術圈裏並不是顯學，於是一方面中國漢學圈內自己做自己的研究，自以爲做出一些系統來；但一方面我們做的系統與解釋，很難與外界溝通。再者，我們有這麼多的紀錄，這麼多可以考察的現象，但在整個世界人類歷史的進展上，卻沒有得到應有的注意，如此一來，損失的不是紀錄本身，而是世界人類歷史的研究中，遺漏了極重要的一環。我們看看世界通史的書籍，其中並不是不提中國，只是很難把中國與其他各文明連接在一起，作個明確的比較。所以我自己許下心願，開始朝這方面作些研究工作，由於我作的是古代史的研究，因此從古代文明的比較著手；當然無可避免的會延伸到現在，因此拿我自己所學的經驗，所思考的問題把古代與現代聯繫在一起，來看看有沒有長久以來可留下的影響。雖然我的研究是古代，仍是要看今天和古代是怎樣連接在一起。此中勢必冒了一個大險，因爲從古代到現代中間有很長的一段歷史，是我不太熟悉的，有些地方很可能會說出外行話，或是忽略了應當注意的史實與現象。每一年回來，我常常參加一些討論會，與國內的同仁切磋，像毛（漢光）先生、杜（正勝）先生、張（元）先生等都參加過討論會，對我都有過幫助；我自己也主持過兩屆討論會。這些機會使我反省自己思考的經過，也提供我學習的經驗，使得我在古今中間一大段不太熟悉的地方，可以經過朋友的討論與指點，學得多一點，可以將當中應該聯繫而忽略的地方找出來，而滿足我自己的興趣。這次的研討會，我是拿它當作再一次的學習，而且再一次把我近來思考結果，比較系統化的說給自己聽，也說給朋友聽，再檢查一下說得通不通，這等於是一種嘗試，也等於是英文裏所謂“think aloud”，大聲的想，不是默默的想。大聲想的時候，若是想的東西不對，傳到耳朵裏面馬上知道不對，說不下去了，所以我今天也藉這個機會來

"think aloud"。

在我作比較研究或是比較觀察的時候，目的並不在找尋一個通則或通例，而這往往是有些人作比較研究的人常常犯的毛病，他們以爲先講定理，人類有若干一定要去的方向，而由比較研究中可以提出一些共同的道理。我所作的是反過來。從比較裏尋找不同的地方，從不同的地方回溯它演變的經過，看看是那些條件促使這些不同地方的發生，這是在比較中尋找「異」，而不尋找「同」。從這個特定的角度，我可以說跟大陸上史學界同仁的方法是相反的，因此我也沒有特別的定律或法則，在我腦子裏駕馭所有的資料。我只是一個時代、一個文化的找他們的特點，從比較中看出他們差別。我想凡是學歷史的人都知道，歷史是一大串特定的時間，而不是一大串共通的現象，我們要將這特定的時間給予好的解釋、清楚的敍述，這就是歷史學與其他社會科學的基本差異；所以我還是在作歷史範圍裏該作的事，而不想跳到另一條路上，去找通則或通例。

第一段所要講的是，我們中國文化在古代發展的最重要特色是什麼?作爲一個有文化的動物，人類跟別的動物不同的地方，是我們會把人羣組織在一起，有意識地去作特定的工作。這跟大馬猴不一樣，大馬猴也是成羣結隊的，但他們不是有意識地結合成羣。從春秋時代中國就知道，人不能跟老虎比，也不能跟飛鳥比，但人有自己的智慧，用意識來結合人羣，用羣體的力量來克服環境的困擾。所以我先討論那些特定環境會造成那些困難？那些特定地區的人用什麼方法來組織他們特定的人羣？而這個組織方法是許多可能選擇裏的一種，選擇了以後，就定了方向。譬如我們到清華大學的小吃部，走到那一個櫃臺之前，就有許多選擇，到達以後選擇就局限了。所以每個特定地區因應它的特定環境可以作許多選擇，等選定了以後就變成文化的基本調子。這個基調就等於生物的基因，人的羣體裏面也有基因留下的約定消息，不斷的傳遞下去，形成特定的應付方法，在沒有其他新的條件、新的情況發生以前，就會不斷用老的方法應付下去。不但一個人如此，一代一代也是如此，這種延續性卽造成智慧的延續。延續本身是一種制約，制約使得文化對那些問題的處理擁有特定的方式。而另一個文化沒有受到這種制約，或是制約的方向不一樣，它就會循著另一種規範、另一種處理方式，於是每一個文化產生自己的特色。這特色會經常修改，不會永遠不變，雖然一次只是修改一點點，時間一長，修改就多了。在短時間內可以看到它的延續性大於斷裂性，因爲它本身要延續的，所以就和別的文化不一樣。這跟個人是一樣的，俗話說，「三歲看到老」，因爲三歲時所獲得的處理經驗和方法，可能就一直留到老。人羣的結合大概有幾種可能，最主要的是，生理性的，譬如一夫一妻再加幾個小孩，這是最自然的單位，（雖然在二十世紀快結束的時候，這種單位產生了困難，譬如現在美國有很多夫婦沒有小孩，甚至兩個男的可以結婚、兩個女的也可以結婚，這些都離開了生理的條件）。人類大多數的經驗裏面都是以生理的需求結合在一起，這是親緣性的，或血緣性的團體。另一方面人跟人的結合情況，是地緣性的結合，大家經常住在一起就變成小小的社羣。

這兩種小羣，地緣性的和親緣性的小羣，是人類結合的最基本方式。但兩種小羣都會成長，基本單位的小羣會成長大一點的村落，或是成長到許多村落結合在一起的更大單位。族也會從家庭成長到更大一點的單位。大概說來，面對面的交往而生效的約兩、三百人，超過兩三百人的更大的羣體就需要其他東西聯繫，依賴符號，自覺的認同自己是羣體裏的一名成員。在某種意義上，語言本身是創造符號的東西，而它本身也是符號，等到人羣要倚重符號的時候，就表示他們不能單單靠面對面的交流了；換句話說，團體大到要用符號來聯繫時，就表示生活的需求已不是依靠直接接觸的了，而這種更大的需求是在什麼時候出現的呢？它出現在我們破壞生態的時候。如果我們眼睛一閉就可以隨手抓隻兔子，就不必和別人合作。或是我們摘水果就可以維持生活，並不需要和別人合作。可是人類破壞生態的速度極快，生態一破壞，就是必須要改變生活方式的時候。人類生產食物的階段，即是新石器時代。

在新石器時代，初級的羣體擴張爲更大的羣體，而由此，生產需要組織化，人羣需要組織化，消費需要組織化，分配需要組織化。人類所面對的是不太有利的生態環境，於是讓我們創造另一種環境，人爲的因素超過了自然的因素。而由人類攊進去的人爲因素其影響力比天然的影響力還要大，日子愈過愈複雜，人爲的因素，對我們的影響也愈大。於是文化的傳承性和由傳承性而產生的分歧性也愈來愈大，延續性愈強的時候分歧性愈大，而每個文化特質的出現以及走向某一個已定方向的速度和距離也隨之增強，直到另一個階段，人類必須再一次調整自己的生活方式，又回頭由分歧走到融合交流。

我現在所要討論的開始不是新石器時代，而是在「政團」出現的時候。我用「政團」一詞，爲什麼不用「國家」這個名詞？國家在英文裏面有很多特別意義，它在西方歷史發展出來而獲得的意義，與非西方的國家意義有格格不入的地方，如果我們拿西方意義的國家和我們自己意義的國家交合在一起，就會造成混淆，因此我避開這個字眼，當然稍後我還是會用國家這個名稱，但請記住我用的時候，是超越任何文化傳統的說法。我用「政團」是表示政治化的團體、政治化的組織，有政治意識的以集體力量來組織團體，這個集體力量超越個人力量之上，而這個團體在集體的約定、集體的力量共同約束之下，就可稱之爲 state。我從政團出現的階段來考慮這個問題。

新石器時代以後，人類尋找新的生產工具、新的組織方式以解決資源不足的難題。在這個時候文明（civilization）產生，在我的定義中，文明的產生和政團產生的步伐是一致的。

因爲文化的複雜性跟社羣內部的分歧、分化與生活需求有極密切的關係，文明起源的時候就是政團出現的時候。

現在我拿幾個主要的古代文明來觀察他們的發展過程。第一個是兩河流域。兩河流域是位在底格里斯(Tigris)河和幼發拉底（Euphrates）河之間，爲什麼我們用「美索不達米亞」（Mesopotamia）這個字呢？這個字是水中央，這兩條河上游發源很近，中間下面稍爲遠一點，更下游又接近以至合成一個三角洲（delta），中間這塊就稱爲「美索不達米亞」。這塊地區是面積並不很大的沖積平原，從札格洛斯（Zagros）和安那托利亞（Anatolia）兩個山系沖積下來的泥沙和沙漠裏颳過來的沙合在一起而造成。當然我們談兩河文明的範圍不該只談美索不達米亞，旁邊的山地卽地中海末段的山地也該包括進去，不過文明出現，形成城邦，是在兩河流域，所以還是以這裏作爲美索不達米亞的腹地。腹地數百里內沒有丘陵、沒有石頭，往下挖也挖不出石頭，要石頭就得上山，到安那托利亞或是到伊朗的札格洛斯，或是到黎巴嫩去找石灰石。美索不達米亞的下游是三角洲的沖積平原，也是沼澤地，河流緩慢得找不出河道，長滿了「阿拉伯葦草」，可是河中與沼澤地帶，水產還相當豐富。要在這種生活環境下生存並不容易，熱風常常吹襲，山上沖下來的雨水並不穩定，旁邊山坡上本來居住環境相當好，可以種植麥子，但是日久地瘠了，就只好移到河域來。各位過去唸到的「肥沃月灣」，其實月灣一點都不肥沃，荒涼不堪，連造房子的材料都沒有，除了泥沙還是泥沙，兩河文化的人們要在這個情況下，突破新石器時代的天然環境，另外創造一個環境。這地方最初出現的村落遺址並不很大，可是慢慢地村落與村落之間發生聯盟，因爲有許多工作是要大家一起作，作石器的石頭，需要從遠處取得，長途獲取原料是很重要的工作。先是取硬石頭，後來則是爲了獲取銅、錫、木材，而作長程的貿易。他們發現一個兩個村落應付不來，只有大家合夥派人遠征，派出去的遠征隊所帶回來的東西是大家用，不是只有他們幾個要用而已。遠征隊出去時所帶的食糧和家裏的生計都是大家供給的，所以帶回來的東西也不能待價而沽。於是爲了大羣體的共同利益就構成了超級村落。超級村落就是後來城邦的前身。城邦之成爲國家，則是附近若干小一點的城邦屈服於大一點的城邦之下。從第一個王國的出現，可以看到大城邦和小城邦之間，存在著隸屬關係，不完全是一字並肩的地位。換言之，就是人類感覺到需要拿團體的力量去獲取資源，而這些資源有些是遠征隊帶回來的，有些是集體交換的。但是拿什麼東西去交換？種糧食、捕魚……再以交換本地缺少的物資。長程的交換爲貿易，在美索不達米亞是很重要的一點。其中神廟是最大的「貿易公司」，神廟派最多的人出去，神廟也是銀行，也是屯聚與分配糧食的中心，城邦裏眞正的生產交換關係是以神意象徵的集體利益。資源共享是分配最主要的事情，最早的泥版文獻之一就是神廟分配物資的記錄。這種國家的特點就是共享的與合約的。合約造成民主的現象，反映在神話裏就是他們的神祇常常開會，譬如有個神說我要毀掉那一座城，而那座城的神說不行，於是大家必須會議決定，神的集會也一樣有派系之爭，開起會來熱鬧得很，一定要大家多多少少的取得協議才能執行。神的會議就是人間會議的反映，人間的城邦有長老院和市民大會，這種城邦的民主結構是由於生活需要而來的，這是人類歷史上很特殊的現象。

這種城邦的人羣結合原則是什麼？不是親緣，而是合約的；它是地緣的，因爲它有個中心，以城邦本身爲中心，地點固定，當地財富的收集也固定。地緣性可以擴張，因爲它是合約式的、共享式的，可以一個城邦與另一個城邦聯盟，可以許多城邦聯盟成一個國家，甚至可以從王國變成帝國，到最後可以統一兩河，並超越兩河到達以外的地區。這樣的團體有擴展的潛能，每次擴張的過程中，又都要有新的合約、新的協議和新的共享，包括神與神重新訂定的關係，本來不相干的兩個城市可用神與神之間擬定的新關係結合成一體，如有些神的地位昇高，昇高成新的大神，或則新被征服者要接受原有的大神作爲他的保護神，也把新被征服者的神容納在神的系統內，這整個過程有可以擴展的潛在可能，可以繼續不斷擴大的，到最後可以成爲普世帝國。中東最終所表現出的普世帝國就是波斯帝國。到今天波斯帝國的子孫是回教。回教的創始者穆罕默德雖然是中世紀才出現的人物，但是回教的思想方式，對宇宙的了解，基本上走的是同樣的路數，卽普世帝國的路。

第二個例子是埃及，位處尼羅河流域狹窄的河谷，兩邊都是石灰石山崖，此外就是沙漠。這塊地方新石器時代的遺址並不多。尼羅河谷的人利用沖積平原上的土壤來發展新型的農業。其中最要緊的事就是保有每年沖積的同一地方可以繼續耕作，於是出現集體的所有權，因爲個別的個人沒有辦法宣稱這塊地是我明年還要種的。在集體所有的原則下，每年重劃土地，才能保有這塊土地的使用權，這也是一種組織的需求。兩河的組織需求是要獲取新的物資，而尼羅河的需求是要在同一塊土地上保有長期的使用權。尼羅河作爲交通路線是非常便利的，使上游下游連接爲一體，易於一統天下。對外卻有很難跨越的阻隔，所以對內的認同很容易建立，這種情況之下造成尼羅河谷自成單位的現象。於是古代埃及人感覺到自己是選民，上帝造了這個地方給他們住的；他們自負甚高，而且認爲神聖王權和神的世界是不分開的，除了神聖性外，古埃及文化也有排他性。他們以爲沒有別人應該享有埃及人所受的權利，同時也不去學別人的東西。這種羣體缺少可以擴展的潛能及願望。但等到需要擴張的時候，則是與兩河地區的國家有了接觸時，別人打到門口來了，或是自己具有足夠的力量要去獲取別人的資源，就不得不來往了。對埃及人來說，擴張等於文化自殺。因爲擴張，埃及文化喪失了他的選民性及自信心，以至變得無所適從，這樣一種不能擴展的文明擴張太多或太快，或是外面的人進來太多，遂難免就滅亡。今天的埃及文化並不是古代埃及的後代，而是兩河的後代，人種上雖是古埃及的後代，但文明已經消失了。埃及文化是排外的、自負的，也因此失敗了。

第三個地區是印度河和恒河流域地區。印度次大陸上（包括今天的巴基斯坦），兩個河域一邊是印度河流域，就是我們以前說的五天竺，另一邊是恒河，兩條河並不怎麼能相通，而兩條河的外面絕大部份是德干高原，又乾又熱，往北是喜馬拉雅山，西北方向，興都庫什山在這邊和帕米爾中間形成通道，一直連到中亞細亞這一帶，在胡馬南下時無險可阻。印度河和恒河流域的氣候熱而濕，植物也容易生長。這是世界上土壤堆積最厚的地區，但它的資源卻不足，新石器文化所需石塊來源，主要在興都庫什山，而印度河流域距離較近，所以印度河產生哈拉本文化，有點類似城邦，猜想大概是兩河移過來的文明留下的影響。可是哈拉本文化有個很奇特的現象，其文化的一致性極強。一個遺址可以大到幾萬平方呎，小的有千把平方呎，但不論遺址大小，佈局都很像，一邊高一點的，上面有神廟與倉庫、公共集會場，另外一邊平原上靠河的地方，是居住的地方，有街市與民房。由遺物的圖形與紋飾看不出遺址與遺址間有嚴重差別，哈拉本文化興起很快，消失也很快，原因大約即在一致性太強，太過整齊劃一了，而無法適應新的要求和新來的挑戰。當然有關哈拉本文化消失的推測很多，如瘟疫、戰爭等等都有可能。但我認爲從西北口進來的征服者才是主要的原因，這些征服者包括有亞洲人和印歐民族的祖先雅利安人。哈拉本文化所代表的是農業地區的小村落，因爲植物成長太容易了，所以不用走向精耕的趨向，農具極爲保守，耕作方式也極爲保守，長期保有一個個單獨的地區。印度是割裂的次大陸，不是很完整的，河流漫流的下游被小河流切割成一塊一塊，中游以上的支流雖多，但不能變成通暢的交通通道，反而成爲隔絕的障礙。一個一個村落，全區都是割裂區域的小農區，破裂性很強。再往南走是被德干高原分隔的個別地區，交通更不方便，印度次大陸上顯著的缺少統一的條件。爲什麼沖積平原上有這樣大的割裂性？原因是河流受到季節性雨季的影響，雨季一來水量充沛、水流洪大。不但不能順河交通，連跨河都難，所以竟因河流造成了割裂性。印度西北暴露，無法與中亞細亞隔開，而中亞地區乾旱，生活條件差，當糧食缺乏或是氣候改變時，中亞的人就長驅直下侵入印度，因而在印度次大陸上有一波又一波的征服者進入。大概從西元前一千六百多年開始，至少八百年中不斷的有侵略者入侵。第一波侵略者變成主人，不與當地人混合，第二批來的人又不願意與第一批混合，一波又一波的進入，造成一層又一層的階層性。縱的方面講是階層化，橫的方面講是割裂化。到今天印度的國家與社會仍不能擺脫這些特徵。印度沒法統一，因爲每個地區的地區性太強烈，卽使小地區的統一也經不起外來的刺激，人種上有很大的不一樣，這種割裂性和階層性是到今天還難以有效統一的主要原因，也是沒法擴展的原因。印度宗教文化可以擴展，可是國家不能擴展。每一次印度有大帝國出現時有兩大特性：第一是由外來民族建立的，第二是帝國沒法延伸到別處去。但印度文化沒有尼羅河流域的排他性，吸收性很強，變動性也大。一方面印度文化有地區的分歧，另一方面變動性很強，新的、外來的東西可以生根，不管是回教文化、英國人、蒙古人帶去的東西都可以生根。

歸根結底讓我回頭討論中國，同樣先討論地理環境。中國文化發源的地方，我們稱之爲中原，印度河、兩河、尼羅河三個河域加在一塊兒都沒有中國大，換句話說，中原腹地之大等於一個小世界，在這個小世界裏邊沒有嚴重的交通阻礙，黃河流域也不像五天竺那樣分割得支離破碎，於是在新石器時代晚期龍山型的文化，從東到西，每個鄰接地區的文化都有差不多的面貌，其延續性是非常緩慢的改變。從北到南也一樣，這種橫向的延續性表示交通良好，彼此互相學習，一方面在同一塊土地上有許多中心在互相挑戰，另一面在挑戰比較中又互相學習，所以同與異竟辯證式的組合在一起。在這個地區活動的人類總數跟剛剛所講的三個地區加起來差不多，其異樣性也跟剛剛三個地區的異樣性加起來差不多，而在異樣性那麼強的地區可以產生一致性那麼高的現象，這是很特殊的情況。

就物資來說，石璋如先生曾指出以安陽爲中心，向外畫五十公里到六十公里的半徑圈裏，什麼樣的資源都有。而黃土層又構成特殊的條件，黃土並不天然的肥沃，有賴人為的努力，有一分力氣下去出一分東西，放兩分生出兩分，不放就什麼都沒有。耕作也像尼羅河一樣，要長期的保持一塊耕地才能有好的收穫。長期改良小耕種地區的條件，長期穩定性很強，於是造成地緣的土著和親緣的結合，同一地點的鄉親住在一起久了就變成一家人，使得在土著之外也有親緣上緊密的結合。

新石器時代中原村落的高密度是世界少有的，為什麼會如此呢？由於中國的移民從一個母羣、一個小村落移殖出去時，走到那兒都會碰到別的小村落，早已有人居住在那裏。沒有空濶的開拓空間，人們只能在夾縫裏求生存，甲乙丙三個村落都有過剩人口，甲村落出去的人一下又碰到乙村落和丙村落，唯一可以利用的是甲乙丙之間的空隙地方。凡此空隙只有到丘陵、河谷、叢林或沼澤裏頭去，花點力氣把土地變為可用，所以中國的移民型態是塡空隙，而不是長程移民。這個特性使母羣和子羣之間的距離並不疏遠，互相依存的關係就可以保持很長久的時間。演變的後果則是大量人口在高密度的分佈之下有千絲萬縷的關係，有利於造成大型的複雜政團。這樣擴展的政團可以是沒有界限的。政團以人羣作基礎，而人羣基礎就符號來說，可以是血緣基礎的同姓。例如炎帝和黃帝之間的關係，這兩個族羣號稱兄弟關係，一個生在河這邊，一個生在河那邊，這當然是後來的融合。再另一個例子是古代的祝融八姓，八個不同的姓之間有共同的符號，尊奉共同的神祝融。這種結合的過程和兩河流域型有點相像，可是不以地緣關係，而以親緣作爲結合的方式。結合時是說我這一宗和你那一宗，來自同一個祖先，或是通過婚姻關係。在中國找不出像兩河流域那種以地緣結合的方式，商代以後才有變化。商代的政治單位有兩種平行的系統，一種是地區性的邑，一種是親緣性的族，到了西周以宗法取勝，邑變成族的附屬品，周代選擇以血緣來結合人羣，這個選擇形成中國很大的特色，中國的擴大政團遂是以親緣的團體擴大的。反映在辭彙上的是「天下一家」，我們的國與家不分，我們的擴張可以造成普世性的帝國，而這個普世性的帝國是建立在親緣關係上。照理說，親緣系統的排他性是很強的，但是我們可以超脫這種排他性，而產生「民胞物與」、「民吾同胞」的觀念。中國以親緣來帶動擴張的需求，這是上述三個文明所沒有的特色，表現在社會關係上就是親緣關係是所有關係裏的基因，這就是我第一講裏面所特別強調的中國親緣關係的特色，在中國的出現，早到政團出現時就有的特性。

討論

問：許先生用政團代替國家，我想在中國本身來說，是不是國家這個字還是可以用。因爲前一陣子我在一篇文章，從考古資料來討論中早期中原國家的形成，有些朋友也質疑國家這個字容易造成混淆。不過我的意思是說，若是就中國古書的本意來說，國和家是不是還是可以用？

答：在討論中國史的時候，當然國家相當可以用；在講到埃及時國家就用不上了，因爲他有國無家。我爲什麼不用這個稱呼呢？因爲拉丁文中國家一詞有主權的意味在裏面，而普世性的帝國裏常常沒有主權的觀念，假設普世性帝國跟文化觀念混合爲一的話，「主權」更爲模糊，這就是我不喜歡用這個字的緣故。在英文裏今天分化成兩個意義，一個是國家，一個是地產(estate)，本身就有對一片土地的所有權的觀念，而這個觀念用到許多文化時不合用了。討論不同文化的最大痲煩就是找個共通的名詞。社會科學還不能用符號語言，至今仍只能用自然語言，而自然語言往往有它自己過去發展的文化附加義。最好是找出超越自然語言的符號，但是又很難，於是社會科學裏常在造名詞，這也是無可奈何的事。

問：政團這個名詞在某個歷史中可以用，但政團發展到某一個程度時，我們非用另一個字眼代替不可，那麼在中國有沒有這樣一個字眼？

答：像國家這個字眼也常常在改，在中國歷史上國家常指皇室，從漢朝到清朝都這麼用。一個名詞在不同時期有不同用法，卽使作研究時也只能在某個時期才能用，超越那個時期不能用。基本上我們剛剛說的在歐洲中古以後才有的，而廿一世紀時，過去的觀念未必仍然合用？臺灣就是例子，很多國際法上的要求都不符合，可是它是一個國。我想廿一世紀國際法不能和廿世紀一樣用法。所以今天用這個字都有時代性的限制。

問：剛剛所談的四個地區中，中國地區就考古資料來看，文明呈現多元化的趨向，在長江流域也出現新石器時代聚落，爲什麼長江地區沒有發展成您所講的中原情況？長江流域文明的特色是什麼？

答：黃河和長江之間沒有嚴重的隔閡，所以彼此的影響早就存在，長江地區的發展也類似黃河流域，空間的橫向也有延續性。當有一個國家的雛形出現時，別的地方面對他的壓力也要模倣，成爲衍生的國家，而原型只出現一次。當然在另外孤立的地區，原型可以再出現（如西南山區）。但在交通方便的地區原型就只出現一次。在長江流域也有過政團，例如春秋時代的楚，但楚國實際上模倣北方中原的國家型態。在中國邊緣地區也常有原型出現，但中國的壓力太大使他們無法長久保持原型而不得不模倣中國。然而在有些地區，不能完全的吸納中國的影響。例如日本就沒有我們這麼強大的親緣性。

問：您所講的似乎主要以地理因素來解釋古代文明的起源，是不是還有其他重要的因素？

答：愈是古時候，受自然環境的影響愈大，反正影響文明的因素不是自然就是人文，而愈到後來，人爲的影響就愈大。

問：地理環境類似，但發展出來的文化卻不相同，如何解釋這種情況？

答：人所作的選擇是不一定的，因果的線索也是分歧的，往起源回溯才能看到某一文化的選擇。而且選擇的心態也不一樣，這就是人類的自由意志在運作了。

問：每代都有選擇改變的機會，那麼在歷史中應該會有很多的斷層現象？

答：決定乃是集體的決定，絕大多數的人是不做決定，所以總的結果是延續性大於斷層性。轉變的發軔者影響力的大小又受當時條件的影響，而通常有決定性的改變者只是極少數人，其影響能否得到大眾的回響，大致愈到晚期則愈有可能。

問：如此而言，當我們在處理社會經濟史時就會看到比較多的延續現象，而在處理個人傳記單獨記事的時候就會有許多斷層現象？

答：是的。但是也要注意，無論是從思想史或是科學史，我們必須記取沒有一個觀念不是基於前面而來的，天下沒有憑空掉下來的理論，所以時間的延續性還是存在的。

問：從現今的考古資料顯示長江地區也有文明起源，但原型爲什麼只在黃河產生，不在長江？

答：長江亦有原型。南方楚國傳給中原的東西也很多，黃河長江流域是有互動關係的。當然其中地區性的特色還是存在的。我不意味中原是獨一無二的，只是拿中原來作爲比較的例子而已。

第二講　農業經濟

在討論這個問題之前，我要先重複一下拙作〔漢代農業〕裏的觀念，以釐清我自己的思想線路。在那本書裏面，我拿漢朝當作是中國精耕農業萌芽並逐漸發達的一個階段，而且漢朝以後的中國也經常以精耕農業爲主要的經濟型態。

有關精耕農業的基本觀念，我先在這裏說明一下。第一是精耕農業的背景需要，第二是精耕農業在清代的歷史情況，然後再作比較。精耕農業的任務是要在最小的面積上獲得最大的產量，在地小人多的情況下非要有精耕農作不可。勞力密集，也是根本的觀念。從這些觀念才能衍生出其他的現象。

接下來要討論的是，人口密集是怎樣產生的呢?爲什麼在局部地區有高度的人口密集?

上次已說過，中國在新石器時代的聚落分佈密度，是同時期其他文化無法相比的。從現在已經發掘的考古資料來看，大約黃河中游一帶有兩三千個居住遺址，密集的程度和今天的現象相當類似。我也說過，在新石器時代中國文明形成的時候，人羣的組織方式有兩種：一是親緣，一是地著。親緣也包括類親緣，即使不是眞正的親緣，也號稱自己是一家人，所以我稱之爲類親緣。地著就是居住在這片土地上不太變動。所以人口的大量移動是緩慢的，短距離的，先要佈滿附近的空地，然後才能發展長距離的移民，因此人口的密集在中國歷史上來看總是局部性的。移民不會往寬鄉疏散人口，只會在窄鄉附近住得愈來愈擠。中國的人口密集區就造成中國精耕農業最主要的條件。

精耕細作的農業以大量集中的勞力放在小農莊上，以大量的勞力來應付季節性的需求。使勞力平均分配，可以利用增加作物的種類，但是黃河流域及長江流域都有不短的霜凍期，在這段期間沒法耕種，所以精耕細作農業就只能和農舍工業結合在一起，使得農閑時節的過剩勞力可以化爲農舍工業的人手。換句話說，農業的生產者即是手工業的生產者，手工業的產品變成市場裏的商品。以我之所有易我之所無，〔孟子〕裏講冶鐵的人去換陶器，生產陶器的人要換鐵，自然而然就有了市場網的出現。雖然此處以中國爲例，但在世界好些地區都可以找到這種精耕農作的情況，而他們的發展過程也大致是類似的。例如歐洲大陸上法國南方的農業和波蘭大平原上的農業，都配合當地大型的市場交換網的發展。

發展的條件在那裏呢？當農舍工業有可以銷售手工業產品的條件，如果不是從未發展出作坊工業，就是作坊工業被其他力量毀掉時方能有農舍工業發展的機會。作坊工業都發生在城市，而精耕農業的農舍工業和城市化則有互斥的現象。另一個互斥的現象則發生在土地廣大人口稀少的情況下。我們看歐洲精耕農作區，法國農夫、或德國中部的農夫、或波蘭西部的農夫，他們都有很高的農耕技巧，也發展很多手工業技能，可是當他搬到空曠的美洲大陸時，就不再作精耕細作，也遺忘了手工業技能。

中國精耕細作的歷史背景，則是政治力量毀掉城市，毀掉作坊工業，毀掉了私家經濟。戰國時代城市爲基地的作坊工業已經萌芽，漢代因國家力量強大，打擊社會力量，摧毀了私家經濟，於是造成農舍工業的發展機會以及市場網的成長。上述就是我說精耕細作的觀念。

下面我要開始分析，並舉出若干項目說明；同時在作這些項目分析時，每一個項目都要連帶的與其他文化作對照。

第一是勞動力的性質和成份。漢代勞動力最大的來源是「編戶齊民」，亦卽一般登記戶口作爲國家公民的老百姓，而不是奴隸。整個中國兩千多年的歷史顯示，中國最主要的生產者就是「編戶齊民」。當然，中國的歷史也不是沒有轉折與變化。譬如說，西漢末到東漢初精耕農業已經發展到相當成熟的階段，而市場經濟也形成全國性的網絡。但爲什麼東漢出現大量的奴隸？土地兼併的現象也比西漢嚴重得多？奴隸耕作的大農莊和精耕農作並不符合，因爲只有自己種自己的田才會多花氣力下去，不然就會產生「拋荒」，那麼如何解釋東漢出現的大農莊現象呢？

先看東漢奴隸的來源，東漢並沒有很多種族奴隸，有許多是失去土地之後才變成奴隸。大地主雖擁有大量土地，但到目前仍無法證實當時大農莊實施粗放式經營，很可能仍是小規模的小農莊經營。中國古代沒有像美國南部的大棉花田，或是烏克蘭的大麥田。我們只看見很多小片小片的農莊，雖無法正面證實，但是從家戶結構可以看出當時是小農莊的經營；從單位面積生產量看來也是相當高產的小農莊。換句話說，密集農耕是在大土地所有者形式下的小農莊經營，其上的奴役不是綁在一塊兒的集體奴羣，而大概是佃農與長工在耕作。

拿漢代來與另一個奴役耕作形式相比。羅馬帝國時代常有大量的奴隸在大片的農地上耕作，在義大利半島上，這種大農莊通常是專業式生產，生產葡萄、橄欖等項經濟作物。倒是北非才有大量的奴隸耕作生產糧食，但這時候不是密集的耕作，而是粗放的，用的是種族奴隸。當羅馬兵團出征時，抓回大量的俘虜出售給大農莊。這種典型的奴隸耕作現象，並沒有在東漢出現。如果說東漢時的土地兼併表示農業經營制度改變了，我覺得並不對，東漢的農業經營恐怕還是小農莊的耕作；只不過是由土地主人拿走收穫中的一大半，集中出售，集中所有，所以奪去了勞力裏面最大的利潤。東漢的耕作者未必像羅馬的種族奴隸，未必過著非人的生活。所以勞動力的性質和成份在東漢時代好像背離了精耕農作的狀態，可是實際上並不是在耕作方式上有所背離。中國歷史上難得看見像羅馬那樣的大農莊，即使偶而出現，終是很少。

第二是土地開拓和農耕的關係。農田的開拓有兩種來源，一種是塡滿人口密集地帶旁邊的隙地，東漢常見的報導是達官貴人假公濟私，開墾未開闢的公地。照理說，凡是沒有開墾的土地都屬於國家的，但漢代豪族名義上說是假借公田。在這個時候，奴隸參加生產，是在第一個階段開荒，而不是耕種生產，所以當大土地開墾初期，勞力的使用是以集體勞動，而不是個別的勞動。更顯著的是南北朝時候，常常爲人所舉的例子是謝靈運的農莊，當他的開墾部曲經過時，好像軍隊過境一樣，以致於地方政府誤以爲是山賊。另一個例子是宋武帝的詔書，禁止貴族封占山澤。在這些例子中可以看到幾個特點，在開墾的過程需要大量的勞力，幾百人或幾千人去開荒，但是所開出來的不只一個農莊。南朝的農莊很多，一個貴族常有幾十個或上百個莊，大片土地分割爲數十或百多個農莊，每個莊園都是面積不大的小農莊。第二個特點是南方開墾初期的部曲分散，並不是離開這片土地，而是散佈在這片土地上，等到需要時一聲號召又可以把部曲集結爲隊伍。換言之，主人和他的隸屬關係有一種轉變，不是永遠集中的。這幾十處、上百處的農莊代表著開墾時候集體隸屬的情況，改變成佃戶的形態。臺灣歷史上就有很好的例證，在開拓史上有三種過程，最先是大戶過來召募人手，開墾以後就變成他的佃戶，佃戶本身又有相當大的土地，不是一個人種得完，於是再去召長工，形成三層關係。開墾完畢以後的大租戶就相當於南朝的部曲開墾完以後的佃戶。爲什麼會產生這樣的轉變呢？因爲在精耕細作的農業制下，不能容許集體耕作的粗放制，所以一定要給予耕種者一些耕種意願，最好的辦法就是佃戶耕好分佃的土地，地主再收租取得利益。所以在中國歷史上，佃耕是小自耕農以外最常見的勞力使用型態，正因爲如此，雖然有土地兼併，但在人口隸屬關係下，中國的農業仍能保持精耕細作生產的水平。

羅馬在北非的開拓也走這條路，可是僅止於召集了大量勞力，卻沒有分散成佃戶，還是一個主人帶著監工；監工很可能是羅馬兵團中的兵士，或是將軍的手下。換句話說，他的部曲是監工，沒有轉變成佃戶。在這種情況下，奴主的差異以及階級關係的不平等造成了嚴重的社會問題，而農作的生產量也不會很高，於是更急需獲得大量的土地和勞力，這就是羅馬帝國不能不擴張的動機。羅馬兵團出征之所以如此勇猛，就因爲上自將軍下至士兵都知道征服的土地屬於自己的，將軍得到一大片土地，士兵也得到第二級主人的地位，於是會在所獲得的土地上落戶，這點跟中國很不一樣。原因就在新石器時代以來，族羣結合的選擇，中國人選擇以親緣結合，羅馬剛開始也是親緣，但後來就變成利益結合的團體。羅馬人的殖民地表面上看起來跟中國的屯田很相像，但基本上到底不一樣。

第三個是種族奴隸的問題。這是經過外來的征服而引起的奴隸制度。這種奴隸制度與政權、社會型態的改變都有密切的關係。抓一批人手來耕種一些奪來的土地，最現成的例子就是滿清初年的圈地。一個旗人分配一塊土地，把當地的漢人降爲奴隸來耕種；可是滿清並沒有將圈地得來的土地轉化成牧地，只是收農戶的租稅。在中國歷史上，每一次北族征服王朝進來時，都有人提出建議，要把中國土地轉變成牧地，可是這個建議從來沒有實行過；如果把這些人的土地拿來養牛養羊的時候，這些人吃什麼，而政府的收入也有顯著的差別。我曾做過一個計算，一頭牛吃的草所用掉的土地單位面積，來除這頭牛所供應的糧食，包括奶、肉等，折合成卡路里，與農耕得來糧食的卡路里相比爲一比九。因此，如果農地轉換成牧地，就有九分之八的卡路里不見了，相當於餓死多少人，又相當於少了多少人當兵納稅？所以北朝時雖有很多外族建議，但沒有一次付諸實行。

那麼種族奴隸的問題在那裏呢？如果要外族的俘虜者種田，或是要當地被征服者種田，有兩個辦法，一個是栓在一起工作，剛剛說過這個辦法不太好；一個就是叫他們自己種，然後完糧納稅。後一辦法當然比較好。中國歷史上種族奴隸並不少，但是沒有發生過像羅馬帝國的奴變，羅馬的種族奴隸是從歐洲內陸抓來的，都是集體耕作，永遠也不會有自己耕作的佃耕。但中國歷史上，奴隸地位可以轉化，轉化的結果使政權和社會的關係也有基本的轉化，等到租戶變成固定的生產單位以後，國家就很不願意私人掌握那麼多的財富。國家常常與大地主爭奪財產和已變成私屬的生產者，而希望將大地主屬下的私屬轉變成編戶齊民，所以在南朝和北朝都可以看到政府頒佈解放奴僕的詔書。這種情況常常發生在大規模的軍事行動，國家需要兵源時，就解放奴僕和部曲。在國家經濟困難的時候，又要解放奴隸，將地租轉變爲稅收。羅馬也有解放奴僕的事實，不過羅馬往往是因爲主人宗教信仰的關係，或是政府要消滅那一個大的地主或家族，後者遂與中國的現象類似。因爲中國不斷有國家與大地主爭奪兵源、爭奪稅收的現象，所以中國的大地主始終沒有辦法達到羅馬大地主、美國大地主那樣的規模。一旦大地主發展的規模太大，佔有人口太多時，就會引起政權的嫉妒，政權會使用種種的理由來毀滅他。政權爲了增加自己財源而使國家成爲秤錘般的平衡作用，國家公權力常要將大農戶裏面的租戶變成編戶齊民，這是兩千年來中國農業帝國中常見的現象。每一次充公大地主財產時都有許多理由，但基本的共通現象不外是公家與私家爭奪勞動力，漢代奴隸制中，有所謂私屬，在文獻上第一次看到私屬的出現是王莽改革的時候。從雲夢秦簡上較清楚地顯示，私屬是奴隸過渡到編戶齊民的中間階段，屬於主人家戶裏面，而不能單獨編一戶，不能離開主人。這個記載使得我們了解漢代奴隸制度本身的轉變方向和步驟。有了這個階段的出現，我們就可以在奴隸制與親緣團體的兩種制度之間連上一個關係；奴隸可以轉化爲家屬裏面的成員，但要經過「私屬」這個階段，換句話說，變成私屬以後就不能隨意買賣。另一條秦簡上記載，如果家庭裏沒有家屬成員，那麼由奴隸中謹良的老僕可以充當家主；後世〔三言二拍〕裏也有以奴隸中優秀者爲養子，這點連繫上述私屬觀念，顯示奴隸的轉變需要經過親緣化的程序。從這種零零碎碎的考證，我們就可以看出王莽改革的特別意義，在於加速奴隸親緣化的步伐。

我從奴隸制度講到，雖然中國有奴隸制度，但因爲中國選擇親緣性組織，所以奴隸制度很容易轉變爲符合精耕細作的型態。

第四點要討論的是市場網的影響。中國式的市場網是由每一個地區的集散升高到上一層的集散地，再往上升高到更上一層的集散點，這種一層一層的升高，遂建立網絡，然後全國的物資經過這種網絡而流轉於全國各地，構成通盤的供求關係。這種情形地理學上稱爲「中地論」（central land theory），在波蘭、德國很多地方都有類似的網絡。不過中國的市場網長期建立在一個統一的帝國裏面，也與永久的設施（官道）聯結在一起。中國的交通道路網與市場網是重疊的，這個道路網是線狀的網。相對地，羅馬帝國也有「條條大路通羅馬」的諺語，道路系統卻僅止於義大利半島，半島以外的地區就要靠水運，地中海有很好的內海水運，但水運的特點，則是點狀的分佈。內海港口是運輸點，沒有一步一步的聯繫線，於是中國與羅馬兩大帝國交通網的功能也不一樣。線狀的維繫力比點狀的要強多了，中國之所以維持這麼久的帝國形態，除了政治、社會因素以外，這個地理上的因素可能大家習以爲常而忽略了。

從剛剛所討論的精耕細作農業下所引申出來的問題，可以連繫到許多政治與社會的課題。首先當討論中國由精耕細作所造成的社會力。這一社會力是親緣的地著團體，在長久的帝國結構上，上述團體的穩定性極強，自我調節的能力也很強。市場網雖會因內亂而破裂，但只是破裂成幾個小型的網，等帝國統一的時候，這些小型的網又可以整合成大的網。除了社會的穩定性強之外，社會也可以造成跟國家對抗的力量，在長期的結構中，國家權力占了上層的地位，社會權力則占基層地位，國家權力永遠無法完全伸透到社會基層裏面去，反過來，國家權力的維持要靠社會基層出來的人參與國家權力方可。這種國家常態不是任何粗放農業型態可以相比的，因此在這個常態上，國家權力和社會權力的均衡狀態中，最吃虧的就是兩者之間的交接點——大地主，因爲國家權力第一個要侵犯的就是大地主，而社會力的主力不在大地主。大地主只是暫時凌駕在編戶齊民之上，不能長久保持。所以中國的大地主富不過三代，不僅是眾子分家的後果，也因爲常有滅門之禍。這個現象可以解決我們常常提出來的疑問，自從韋伯談到資本主義以後，大家往往從倫理、工作意願等方面去討論，而疏忽了純經濟的角度。爲什麼中國沒有走向資產化？在純經濟的角度，也就是從精耕農業的角度來看，資金一方面是分散的，不容易集中；一方面是資金長期束縛在小塊農地上。精耕細作的農業，經常需要改良土壤（施肥、灌溉……）以維持生產力，需要長期的資金投入。大量資金遂沒辦法轉化成別的東西，這是中國沒有產生資本主義的重要因素之一。我們不能單單討論觀念就忘記純經濟的因素。反之，經濟行爲脫不開觀念，所以雖然我們談的是農業經濟、精耕細作，還是要提醒大家了解任何一種歷史現象沒法完全切開，都要聯繫在一起的。

討論

問：有人說中國的精耕南北有差，而從戰國到魏晉，以及宋元以後的兩段精耕也不一樣，主要是耕作技術、地理條件、作物種類不同而產生的差別。對此許先生有何意見？第二是魏復古所說的水利問題，有一派西方史學家認爲東方的專制與水利有關，您贊不贊同？

答：我先答第二個問題，我不贊同水利理論，因爲歷史上很多專制政權都是在水利系統發生以前就出現了，其次水利系統本身在絕大多數地方都不是規模很大的，大規模的並不是爲了農耕，而是運輸。回到第一個問題，中國各地區各時代因作物種類的增加，土地條件的不同，耕作技術也有種種差異。不過在講到精耕細作時，只講勞力密集的原則，所以局部的差異並不與總的原則衝突。但其中我要特別提出來討論的是宋代以後有許多專業農業的出現，如茶、木材、棉花、煙葉、花卉等等，自然與市場經濟高度發展以後才有的高度專業化相關。徽州的專業主要是種茶、燒炭、採木材，照理講應該符合大農莊上大規模的集體農作，但是卻沒有發生；不過在徽州的文獻上有很多契約，是個別的隸屬戶和主人的個別契約，仍舊回到以個別農戶爲主的生產。原因是任何一個文化都有慣性，中國已經採取了精耕，雖然仍有機會走粗放路線，卻沒有走，於是農戶常常有兩種收入，一是作物收入，一是附帶作物及農舍工業的收入，而用主要作物以外的作物來補償收入的不足。

問：您剛才說東漢奴隸比西漢要嚴重多了，有人說是因爲災害的緣故，在西漢發生天災的總數只有五十多年，而東漢則有一百一十八年，所以東漢生活更困苦，造成奴隸的增加。在〔四民月令〕中對漢代豪族有很清楚的描寫，那麼東漢奴隸的增加跟豪族、天災是否有關？

答：我最近寫了一篇文章講到氣候的問題，我拿「五行志」中記載的最寒冷年代討論民族移動，因此注意到氣候的改變。大概從西漢末年開始，中國進入寒冷期，在巔峯時是東漢晚期羌亂之時。漢朝氣候的改變跟天災有相當大的關係，不只是水旱災，蟲災、風災都包括在內。第二，東漢的耕作面積比西漢寬廣太多，因此災害出現的記載也越多，所以統計兩漢災害應該拿東西漢同地區的災害記載來估計才對。當然奴隸的增加與災荒是有關係，不過天然災害（火災、旱災、蟲災……）不會持續很久的，如果熬不過去就會有局部性的人口流亡。這種短期的失常，並不當導致制度性的人口「奴隸化」。倒是勞力不足的現象，可能引發奴役出現。

豪族出現是個大問題。一個長期的統治會出現兩種現象，一是統治階層的貴族化，一是意識型態的僵化，後果使一羣特權階級運用公權力掠奪財富，於是有了豪族。相對的，兼併將一些人趕離自己的土地，其實往往並不是脫產，他們終究還是回到生產上去，所以全國的總生產量沒有多大的改變。長期的戰亂會造成長期脫產，安定時馬上會恢復。改變的是奴役的農業生產者的生產意願總是低一點，一直要到佃農身分確立後才會加倍耕作。

第三講　國家型態

這一講的題目雖然是國家型態，實際上包括官僚體制，因爲我覺得在討論中國文化的時候，官僚政治是一個很重要的因素，所以在本講我主要還是討論官僚制度，而國家型態也非講不可。中國歷史上官僚制度與國家型態原是不可分割的題目。

今天我主要討論的是國家權力與社會權力的拉鋸戰（state vs. society）。在第一講中已經聲明過 state 與中國的「國家」並不相同，state 在這兒不是作爲「國家」，而是一個政治的個體、權力的主體，但也不能稱爲統治團體，因爲它比統治團體還要大。一方面一羣人住在一起的時候，在一定的國土範圍內，作爲一個權力主體；另一方面，在主體的後面有個主權，理論上不管君主或老百姓，只要是國民都是國家裏的一名成員，國家在此就是一個集體的法人（personality），在這個定義下，各位可以知道我所說的國家與一般的觀念有很大的距離。

國家這個觀念是十六世紀以後的西歐才出現的。在這種政體出現的過程中歷經許多鬪爭，整個 state building 或是 formation of nation 的過程中經歷了長時期的融合，將各種社會力量融鑄爲一體，融鑄爲一種法人的性格。我們在討論國家與社會衝突時，這一背境可作爲借鏡。爲什麼要拿這個觀念來討論中國呢？因爲我覺得藉此也可以回溯中國古代建國的過程，而且前述歐洲的鬪爭過程在中國很早就有了。我以前寫過有關西漢的社會基礎問題，討論國家與社會之間的關係，所以我今天先從這個觀點討論。

另一個討論的主題是文官制度（bureaucracy）。在中國傳統裏指的是有「官」和「吏」的政府。文官制度是由韋伯正式提出成爲課題，並把它當作一種合理的、理性的制度。他標誌出來的文官制度，當是工具性的理性運作。

中國的文官組織來源非常久遠，而且最完備、最複雜的文官系統理論早在〈韓非子〉就出現了；但是文官體系卻不是中國所獨創的，很多古代文明都有過文官體系，只是文官體系理論基礎的出現以中國爲最早。在文官體系成長的過程中，在其成爲一種制度後，就不能改變，中國人也習慣於一個很複雜的文官制度，而成爲中國文化裏面一個很重要的文化基因。

這個基因直到今天的中國大陸、臺灣、新加坡等處都還有很大的影響力。以中國本身而言，在長期的演變過程中，文官制度是國家與社會鬪爭中的制衡角色。中國的文官制度另一個特點在於其並不是工具性的合理，而且有儒家意念參和其中，這是韋伯在討論西歐十六世紀以來的文官制度中缺少的一環。儒家意念如果當作意念系統，可能會成爲教條。任何東西若變成教條就會神秘化，走上信仰的途徑，而不走理性辯論的途徑。儒家意念之作爲目的而論，也可以相當基督教意念，是一種信仰；可是倒過來講，儒家意念並不是上天的神喻，而是經世的使命。在這一點，儒家意念的神秘性並不強。從這個角度來看，目的的理性和工具的理性配合，使中國文官系統在國家與社會拉鋸戰中，不但有舉足輕重的份量，而且也成爲國家和社會之間聯繫的力量。這個特色是中國以外的史學家在討論文官制度時未能理解到的地方。

現在略述中國文官制度的發展過程。殷商時代國家組織中已有分職的官員，但還不能稱爲文官，因爲當時的官員多是貴族；國家也不能稱之爲與西方相當的 state，因爲當時已具有普世王國的型態，沒有主權、疆界的觀念。此外，殷商時代文武分途並不顯著，通常帶兵的人是占卜的人，也是過問國家大事的人。至於西周的政府，在幾百年展發歷程中已逐步把家和國分開，也就是把王室和政府分開。西周政府中有一羣專業性的幕僚人員，來幫助官員做事，是以西周已出現文官組織的雛形。西周也有內廷的出現，亦卽擔任王室秘書的文官，成爲內閣的雛形；西周也有監察人員，文武的分途也慢慢顯著起來。所以西周時代是文官體系萌芽的時期。

春秋戰國時代國家的結構逐漸成形，爲了在列國紛爭中生存，各個國家都有改革內政的過程，以建立有效的治理機構，有效地運用國內的資源。政府中有分科治事的制度。理論方面有申不害言術、商鞅言法，也有愼到言勢。這時的列國多多少少有點像十六世紀以後歐洲出現的 national state。固然中國是一個文化的天下，但在列邦林立的情況下要求生存，多少有點主權的觀念，又因爲列國之間縱橫捭闔，不免有條約，所以國家也是法人團體。戰國時代除了在條約上看到法人性格外，卻沒有像美索不達米亞城邦之國家具有人格個體的觀念。

有關歐洲國家的形成歷史，提利（Charles Tilly）曾做過許多研究，從其中我們可以發現他們所關切的問題，正同〔左傳〕和〔韓非子〕裏所談到的春秋戰國時代的改革一樣，不外乎定賦稅、愼出納、建立徵兵制度、剷除特權，使國家成爲共同體。所以說十六世紀歐洲建國的過程和中國春秋戰國時代的列國形勢其實差不多。在從事比較研究的時候，我們會發現一件有趣的事情，有些東西會有邏輯上的關連性。比如當國土或人口到達一定的大小，如果旁邊許多競爭的敵體都趨向使自己變得更大，大到一定的程度時，除非走向天下國家，先征服，再共存，這時一方面想辦法充實自己的內部，一方面想辦法與隣邦界定某些規則，各邦就具有法人的性格了。在動員資源方面，也不外乎剛剛講的如何發揮最大效力，在各個位置上的人如何發揮最大的功能，使治事與獎退人材有規則及有系統。凡此，韓非子都已發揮到盡致。總之，治國的目的卽在使百姓安居樂業、法律公平、社會安定。這些觀念出現於中國，早於歐洲兩千年。

春秋戰國時代，雖然文官體系在各個國家都建立起來，不過仍只是個雛形。同時各國也有國家和社會的鬪爭，不管管仲發動的也罷，吳起發動的也罷，都想在列國建國的過程中，擴張國家權力，打擊貴族，讓新興的社會成份，如商人、士大夫、專業軍人能在國家裏有發言權，而文官制度的出現有助於達到這種境界。雖然各國的改革者有的成功，有的失敗，卻都把文官制度推上軌道，基本上符合分工合作、畫淸職權的原則，而且將機構制度化了。

秦始皇時代文官制度已極爲龐大，極有效率，從秦始皇在各地的刻石來看，他也有目的性的關懷，他是要使老百姓安居樂業，其實與儒家思想不牴觸。固然秦始皇強調守法，與儒家墨家的觀念並無牴觸，不過在整個治理過程，秦代文官制度終究只是工具性的。

文官制度的本身可以繼續運作，所以在秦始皇死後，整個帝國的運作仍持續者。甚至在過去西周共和時候，厲王被逐的十四年中周室也仍然維持得很好，就是因爲卽使是剛萌芽的階段，略具雛形的文官制度仍能繼續運作一段時間，而不致於立刻分崩離析。

秦朝與漢朝都是 state 與 society 鬪爭的時候，尤其在漢武帝時大力打擊社會勢力，不管是朱家、郭解一類的遊俠，或是大財主、地方豪強、舊日權勢人物，甚至適功臣的子孫也是打擊的對象。最後終究是國家得勢，打散了社會勢力。國家得勝的結果是發展出察舉制度，以察舉制度提升新的社會裏的才智之士參政，使國家（state）和社會（society）有了溝通，也建立了國家的社會基盤。本來漢代帝權利用新的成份來打擊社會上舊的成份，過了一段時候，察舉變成「國家」和「社會」的橋樑，使各地的俊傑之士經過察舉而進入政府，政府的政令也經由各地俊傑之士達到各地，而文官系統也同時獲得了儒家意念，於是文官系統在由純工具性蛻變成兼顧工具性和目的性的過程中，竟蛻變爲自成一格的合理制度。這一個新的文官體系便不斷傳承下去。這個體系的運作本身並不要緊，要緊的是甄選的過程。選拔人才的過程，始終普及於全國各地，始終想用最公平合理的方式來找人才，也始終要使人才具備儒家意念。這一工具性和目的性兼具的文官體系在中國繼續了兩千年。

這時文官體系的社會性格在選拔的過程中出現，他的國家性格和治理機構則在文官體系運作中出現，所以能夠使國家與社會形成均衡，發揮制衡的功用。在選拔的過程中，選拔的方法逐漸趨於嚴格，漢代的察舉最後形成世家大族獨佔，而隋唐的考試卷子是公卷，宋代改進彌封，到明清全國的考試中還有分區分榜，都是想要網羅全國人才，使野無遺才。而且分省分榜更具意義，這是爲了顧全全國各地的社會性格。相反地，這一選拔方式也有國家的性格存在，運作時以制衡、考覈爲手段，不致濫用權力，也不致使組織完全癱瘓。

文官體系所具有的目的的性格又造成另一種形勢：文官體系與王權的對抗。照理說，文官體系應該與國家互補，但因爲文官體系具有儒家意念的目的論，所以與王權實際上不斷有對峙的緊張。專業的官員總是懷有儒家的理想，碰到不合理的現象時，國家的文官系統就會用社會的後援力來與王權對抗，這也是韋伯的工具性文官制度，所缺少的成份。

由於中國的文官體系具有地區的代表性，能網羅全國的人才，因此在與王權對抗的過程中往往並不落下風，所以說中國的王權並不絕對專制。文官體系在國家與社會的對抗過程中，是主要的抗衡力量，具有特別的功能。又因爲文官制度選拔的背後有一大堆社會菁英，他們受過專業訓練，等著出仕，但能夠出仕者往往只是其中少數，而未出仕的人仍留在社會的一端，站在儒家意念的立場，監督政府的作爲。爲了要培養文官制度，中國也同時培養了一大羣以天下爲己任的士大夫，帶動社會來抗衡國家。否則自從漢武帝打擊社會經濟勢力後，社會上已無足够與王權抗衡的勢力，而由國家自己培養出了制衡的力量，這也可說是辯證式的發展了。

中國文官體系在歷史上擔任很重要的角色，而因為中國這麼大，不管誰來統治，都一定要有一個文官體系來治理，即使外族進來亦有此需要。但倒過來講，文官體系固然有制衡的作用，但也會造成社會上的特權階級，享有比他們人數比例為鉅大的社會權力。他們既是社會上的菁英，也同時是過份享受權力和過份享受機會的人羣。但這批人不是貴族，又不能稱之為統治階級，他們只是社會上層權力邊緣的人羣，也是中國政治史上最活躍的一羣人。

接下來要講講國家與社會之間的幾種型態。例如法國是個國家權力極強的國家，社會權力幾乎沒有，自從黎希留和馬薩琳開始就極力打擊社會勢力，直到戴高樂時代，基本上國家權力絕對高張。法國國家權力十分中央化，由於法國是從巴黎為中心而成長的，因此地方沒有力量。雖然在這個國家內有一個極為制度化、極為工具性的文官組織，但是這個文官組織沒有儒家意念，甚至沒有基督教意念，只是純工具性，那一個人抓住文官組織，國家就必須聽從他。拿破崙可以當皇帝，拿破崙三世也可以當皇帝，還可以第一共和、第二共和、第三共和、第四共和、第五共和，法國經常大亂而居然沒有分崩離析，就是依靠這個工具性的文官體系。法國沒有強大的社會力量，幸而文官體系有力量維持國家於不墜。

若以國家與社會各一端排列各種政體，從國家權力極強，一點點移到仍有社會力量存在的國家是普魯士。普魯士的建國是由許多單位合併起來的，因此各地都有地方勢力及社會勢力。普國的縉紳（容克），相當於中國的士紳，但中國的士紳是文的，德國的縉紳是武的；就像中國的士紳一樣，他們很多在地方上有錢有勢，但也有些無錢有勢。普國縉紳所代表的社會力量構成德國文官組織最主要的成份，然而德國的文官組織沒有中國的選拔體系，只有有點類似漢朝的察舉的推薦，縉紳代表社會勢力，對文官體系也有一定的作用；同時國家權力並不十分的集中於中央，各邦也仍有屬於地方的權力。

再往國家—社會延續線社會的一端挪一挪，則是英國與美國。英、美的議會力量很大，國家權力相當萎縮，地方權力相當高漲。英國的文官體系比美國好，英國文官系統要考試，多少有點保障，也不能隨便免職，而且英國的常務官是不隨政治走的。內閣部長是政務官，部長是國會選出來的，國會又是地方選出來的，因此英國的社會力量比較強。實際上，英國的治權是社會的行使，政權相對的微弱。美國亦復如此。美國只有治權沒有政權，國家就是治權。美國的政務官都不是經過考試進來的，而是商人、企業家、律師、地方紳士從政，代表社會力量。從前美國的文官系統有分贓制的惡名，今天分贓的情形稍微好些，可是還是「轉門」（rolling door）的方式，今天這個人轉出去，那個人轉進來，明天那個人轉出去，這個人又轉進來，社會力量表現在文官制度上。英、美在國家權力方面萎縮，在法律方面也可覩見。大陸法系的德、法是由國家制定法律，法官代表國家來判罪、解釋法律；而英、美是陪審制，由社會來判罪。

國家—社會延續帶上，幾乎全在社會一端的例子是瑞士。瑞士是社會權大到國家權幾乎沒有了，瑞士是幾個語言羣合併的國家，等於沒有中央政府，眞正的事情由地方政府管理，可說是純粹的社會權力當家。瑞士的中央政府是委員會，名義上是多數決，實際上是協調制。

我從西歐近代的幾種不同制度來看中國的長期演變，中國的國家與社會處於均勢。其中關鍵，一個是親緣團體，一個是精耕細作，一個是文官制度。不過我所講歷史上的現象，親緣團體和精耕細作至今幾乎已難以存在，只有文官體系還在運作，我們更當盡力使文官制度進一步的合理化。

我這個系列的談話，只是想提供另一種角度，把以上的因素擺在一起來看問題。但千萬不要相信歷史主義，誤認傳統是不可改變的。我講這三個原色，是想使研究時有線索可尋，可以看出一個國家的歷程中，往往有許多可能性和許多機會，並不一定是非走那一條路不可。

討　論

問：我想在西方文獻中對 state 也有不同的定義，如果用韋伯對 state 的定義，也許比較適合中國，如果用馬克思的定義恐怕就不適合中國，這是我的第一點感想。第二點是許先生今天所講的國家組織型態，是從文官制度談到西方近代國家型態，但許先生在第一講中提到在某一階段中有以親緣結構作爲整合的力量，但隨時代的改變，親緣結構往往會被政治機器所取代。許先生能否詳述從親緣結構到政治機器之間的歷史發展過程。

答：從親緣結構過渡到政治個體的過渡期，我想應該是在宗法制度解體時，而宗法尚未解體時的西周帝國是親緣性的政治體，並不是眞正的國家型態，親緣組織和權力分配在這上面是重疊的。等到宗法解體，列邦林立，也就是國家起源的時候。中國親緣組織非常強固。中國是以「禮」作爲整合的力量，禮出現在國家之前，法則出現在國家之後，春秋戰國以前禮大於法，禮與親緣組織有很密切的關係。

問：您剛剛提到的儒家意念在文官體系形成的初期並不是很占優勢，是不是除了儒家在文官體系灌輸觀念之外，還有其他的思想意念也灌輸進文官體系？

答：漢武以後，兩千年不斷的考試內容都是以儒家爲主，一直灌注在文官體系中。戰國時代的文官取向雖是工具性，主要是富國強兵；雖有諸子百家，但不可否認的儒家是顯學。所以眞正受訓練的專業人員仍是儒家儒生，都要把儒家理想作爲治國的指針。

問：根據您的研究，對於中國文化是在分裂時代成長發展，還是在和平時發展比較宏大，可否提出您的看法？

答：中國並非始終在統一的局面下，而分裂的時代並不很短，約占全史的三分之一。提到經濟發展，每個分裂地區都想把僅有的區域盡力發揮所長，所以三國時代諸葛亮南征，吳國闢山越荒野之地，都盡力而爲之。從文化的發展說，分裂時代有個好處：就是不定於一尊。可是政治統一的時代也不見得文化思想就必然定於一尊，所以與政權的分裂或統一，與文化的發展並沒有直接的關係。思想不定於一尊是好的，定於一尊就不行了，中國在康熙時代國力鼎盛，可是在文化上沒有生氣，藝術也沒有創意，沒有活力。唯有在思想受震撼、逼得面臨種種刺激的時代，才是最有活力的時候。在沒有文化主流壓迫時，文化發展力也最活潑。若要有文化發展的原動力，分裂的時代很可能比統一的時代更有利。可是普遍的文化提升要在安定和平的環境下才有可能。

問：在國家形成之時，有一點因素是人民對國家的認同，而剛才您提到中國是「差序格局」，在這種差序下應該會有很多的認同標準，那麼能否請您談談「忠貞」的觀念在中國的發展。

答：中國是個天下國家，所以沒有什麼認同的問題，只有等到另一種文化來時，才會產生認同的觀念。中國人的忠貞是對於文化而言。所謂差序格局是個人對個人的問題，忠貞也是以個人爲對象。中國人只有想到文化，而不是國家。而且認同要有一個共同體，當共同體不很淸楚時，就很難產生認同的問題。中國文化的差序格局可以擴大，所以「民吾同胞，物吾與也」超越了差序格局，而與宇宙合一，是個體與全體之間的關係，這更沒有認同的問題了。

第四講　思想方式

任何討論都無法包括所有層面，尤其是討論到思想方式更是無法兼顧到所有層面，今天所講的思想方式應當和前幾次所講的三個歷史發展的基本原色配合起來討論。討論以前先提我老朋友張光直先生的見解（因上次有位同學在課堂下曾問起張光直的問題），並藉著張先生的說法回答問題作為演講的起點。

張先生從考古學或人類學的觀點，認為不少民族的信仰中，人和天上諸神，或是人和自然之間是可以溝通的，而且認為神或是天上的世界是人世界的延長，是延續的。但在西方的文化，人和自然是對立，神話中人和神是分開或隔離破裂的（rupture），所以西方思想方式是破裂，而中國文化的思想方式是延續。對於張先生這種說法，基本上我是贊成的，不過還有一點須從神話上作補充。

中國巫術時代，天和人是連在一塊的。而西方則是天地分爲二截，決裂的表現，可以從舊約中見到(新舊約聖經說法稍有差別)。當亞當和夏娃因偷吃禁果被趕出伊甸園後，人和神便分開了。而自從人被趕出伊甸園後，人和神須靠合約始得重新聯結爲一，雅各和神摔角，直到雅各被神捉著腿筋絆倒爲止，這場對抗才告結束，但雅各子女被稱爲以色列，意爲和神抗爭的意思。當時神的世界是神聖的，不同於人類，神與人之間隔著鴻溝，亞伯拉罕以己子血祭神，表示人類的降服，耶穌以自己的血爲世人贖罪，人和神才合一。像這種關鍵，基本上是從猶太敎到基督敎才產生的。在古代猶太敎以前，埃及和兩河流域沒有斷裂的思想。在兩河流域的古文化，人和神有相當的混合。在古代埃及，神和人有法老爲聯繫，而希臘諸神更是具有人類的七情六慾。基本上，西方在基督敎、猶太敎產生之前應該沒有上述斷裂觀念。這一觀念的興起當與一神觀念相配合。

不少古代文明以爲神的世界是人世的反映，而聯絡天神和人的溝通者卽是巫者。〔國語〕「楚語」「絕地天通」的說法說明人和神的世界原本並無分別，直到家爲巫史，才淆亂了神人關係，並斷絕了神人的溝通。不過這一思想成爲中國宗敎思想的一部分後，又有一些修正。第一是絕地天通的觀念，認爲天地本來就是相通的，天人交感一直是中國的思想中的特色，如司馬遷仍以通天人之際爲理想，造成天人交感，天人相通的思想。可能因爲中國文化以精耕農業文化爲主，中國需從天地與自然討生活，而向來自視爲宇宙秩序的一份子，並對天地抱著尊敬的態度。敬畏自然界的風、霜、雨、雪，視江、湖、樹、石爲神明。這種天人合一的思想到董仲舒時發揮到最高階段，他認爲天上的列星是天上的官屬，反映人間社會，天候變化是人類行爲的反映，宋明理學中，無復有如此素樸的交感論，但是天人感應的思想滲入佛、道，變成民俗思想的主要部份。「天人感應」不是神道對人的懲罰嘉獎，而是一個天人秩序和人間秩序互相相應共通，其間並沒有神意的獨斷，而是兩個世界的拉近。中國人討論天和神的力量時，無法將神或天化約成單一的人格神，荀子對天人力量提出最革命性的說法，主張制天命而用之。

中國的親緣關係上追祖宗，下至子孫；在時間上是一連線，在組織上是文化的基石。時間的延續表現於歷史觀。這種心態表現得最清楚的是青銅器上的銘文，由銘文上賜命的詞句包括善盡職守不可辱於先祖，並且最後一定會有「子子孫孫永保用」的字樣。周天子和屬下的感情不但可上溯祖宗，還可下推子孫。兩個族羣的連繫不但存在於過去，而且還要延續於後世。不但王室強調數代感情，甚至「世交」至今仍被視爲最重要的友情。這種心態反映於對歷史的重視，所以中國成爲世上歷史書籍最多的國家，不但國有國史，家有家乘，墓誌銘和行狀也是歷史，中國求三不朽便是基於這一心態，不同於埃及金字塔的木乃伊只求時間的凍結，中國的不朽要求的是時間的延續。

前次演講提到國家和社會是相輔相成的，國家也是社會階層面的延續。杜正勝先生的「編戶齊民」對解釋中國歷史是很有用的，中國歷史上的社會，雖然以平等為理想，但中國也有階級，只是階級間每有相當的流動性，而且上階層的人數極少，社會階層的流動大體朝向編戶齊民的方向走。其所以如此，自然與儒家的民本思想有很大的關係，相對而言，印度是階級社會，還不只是我們所知的四個階層，每個階級和次階級都有極大的差別，甚至同一種職業的人可因血統、居住地的不同而異，而且階級之間不像中國一樣具有流動性。

以西方而言，基督教世界中的平等觀念是近代才興起的，西歐的基督教世界裏以往階級的畫分相當森嚴。在希臘和羅馬帝國，奴隸和主人之間判若天地，不能跨過，更談不上延續。總之，中國人向來「富不過三代，窮不過三代」，一個家族的興盛衰落大多是漸進的。因此中國的社會關係也是延續的，而不是斷裂的。

社會關係的延續又可橫向擴展。「推己及人」、「民胞物與」是由五倫觀念推延而來的差序格局，也就是以自己為中心，及於同胞，乃至天地萬物。人際關係是層層的擴大而不是斷裂的。差序格局的關係轉變也是漸進的。權利與義務都漸漸淡化。每一人民都是一連串社會關係的中心。層層關係構成網路。我不認爲中國人爲一盤散沙，中國的社會由許多的格子緊密的堆疊成全國的大網。在鉅大的網路中，每個人都有一定的義務和權利，個人無法在這網外生存，也不能只是存在於一個空洞的國家觀念之中。

西方中古時代，甚至到現代都有城鄉對立。中古歐洲城鄉對立主要的原因是：鄉下爲原居民所在，城裏本是征服者建立的城堡；商業發達後，新興都市興起，城外均屬鄉下。最早的城鄉對立先是征服者和被征服者的對立，以後則是城堡與城市的對立。中國的歷史則並無如此對立面，上次提到中國精耕細作的農業時講到市場網，由市集而至城鎮，而至區域性的貿易中心，全國的經濟交換循一級一級的集散而構成龐大的市場網。最高級的都市到最小的三家村小店，一切資金、物力、人才在這個市場網流動。傳統中國人經商致富一定不忘四鄉置產，安享餘年。人才的選拔由是一級級的向上層流轉，甚至地方和中央消息的溝通也在這網中運作。在中國的經濟體系中，因此城鄉對立的問題從未出現。

最後我們必須一談中國普世帝國的思想。除非有外敵出現，中國人都有天下一家的觀念。雖然普天之下莫非王土，中國的天下仍有五服九服的分野，在中國的最外層則是疏遠的朝貢國家，朝貢國之外方是敵對的外族了。天下是連續的同心圓，一層大一層，逐步向四方擴張。

由前面所舉的例子，可知中國沒有斷裂的觀念，也沒有主權的觀念，在思想上沒有截然的對立及鬬爭。關係的轉變只是在連續線上的移動。佛敎傳入中國時，佛敎本來的敎義是出家人不受政治的干涉，但中國並沒有「出世」或是「入世」兩個世界的觀念，所以沙門是否須敬禮王者遂成爲辯論與爭執的源起。

原本在佛敎的觀念中，輪廻是一己之事，中國則不然，中國人的功德可以傳遞於親族之間。目蓮救母的故事可爲一例，佛敎講求的個人主義和中國的社會網絡觀，頗不易相容，後來佛敎普遍化，做功德不是爲個人的來世，而是爲祖宗，或則爲了替子孫積福蔭，於是佛敎的個人主義和中國時間的流轉，加上親緣的連續性，形成了中國化的佛敎一大特色。

總結言之，中國的思想形態中，注重延續，而不主張斷裂與對抗。延續的思想見於天人之際（兼指自然與人，及神與天之際）、世代之際、階級之際、城鄉之際及社會關係，都可覘見，兩偶之間，由一端至另一端，其遞換爲「漸」，而不爲頓然的斷裂。

連續的觀念不完全來自儒家，我認爲它還有更古老的根。或許其根源卽爲太平洋地區文化的共通處。所謂太平洋圈包括的範圍是從馬來西亞列島、中國至美洲、馬雅、印加文明。我認爲我們的秩序並非完全由哲學家規畫，「連續性」的觀點當有文化的根源。但爲何太平洋圈的其他文化沒有全部發展一套類似中國的觀念？我想和前所提到的精耕農業、國家官僚、親緣連帶都有互爲因素的關係，這也就是造成中國傳統文化的思想。

討論

問：演講中許先生提到中國思想的方式和中國精耕細作有互動的關係，能否請許老師再詳細討論？

答：因農業生產者靠天吃飯，必須十分注意自然的因素，不願將自然當作敵人。而人與天是合作的關係，人與自然之間只當有共生與協調。

問：這種解釋能以確切的證據證實嗎？

答：中國人吃飯時掉了一粒米是暴殄天物，砍掉大樹是破壞風水。風水的觀念卽由人間和天然之間的交互作用爲根本假設，信不信風水是一回事，但風水對人的影響是不可否認的。在農業上，土地、河流都和農業有密切的關係。反過來說，畜牧業逐水草而居，就不必同精耕農業般的注意風水。其實，中國人這種講求風水的觀念，不但在農業上講求環境的保存、或是防風林的種植，甚至在這互相爲用的觀念下也影響到中國的庭園建築，將外面的景色移至家中，講求借景、補景。自然與人的生活可算十分切近。

問：基本上我同意許先生的意見，但對許先生的舉證稍感疑惑。因爲我的碩士論文提到漢代的巫，天人感應相當明顯，也有報應觀念的存在；但是漢人認爲鬼神一樣是有生命的，也一樣會死亡，人若是有法術也可和神對抗，利用咒語符籙控制鬼神，或是經由修鍊達到與鬼神平等甚至超越鬼神的地步。我不知許先生天人關係和諧的出處？

答：在中國天人感應有二層次，一是董仲舒的天人感應，但此說下層仍有許多的粗糙的成份。在漢代不少地方的不同的巫術習俗，在武帝時都進入漢宮。漢朝的巫來源極爲複雜，不是只有一類。因此有和諧的天人相應，也有咒術制鬼的一類，而我在論述時無法討論到細節。至於人和神的關係，神是以俗世的道德思想爲準則，他的力量來自人。一個死者精力強毅，取精用宏，死後可變成強大的鬼，鬼的力量也是來自人類。至於你提到漢朝可以殺鬼。漢代的觀念，人死爲鬼，鬼死爲聻，鬼也會死的。

問：我對許先生所提的佛教有幾個觀點。

第一、根據佛教的教義做功德是七分爲自己，二分爲世人，一分爲子孫。我認爲功德和大乘佛教有密切的關係，也就是和印度佛教本身有關係。第二、我認爲佛教中國化最基本的問題是民間的信仰通俗化，因高僧大德所關懷的是出世，民間則是現世的問題。

答：我同意。佛教中愈是理論的部份，保留原來的色彩愈多。但中國大乘佛典很多的不是來自印度，而是自造。你提到的佛教世俗化就同今日基督教世俗化一樣，若基督教不能中國化，卽無法在中國紮根。我也注意到佛教的改變，甚至失去了原樣。但是總有些人注意原典，高僧大德卽是如此。至於民間的佛教，就完全不同了。中國的佛教是終究脫不開中國文明的影響。一個人出家卽和家庭分離了，卽使第一個比丘尼是佛祖的姨母，而太子妃爲比丘尼，佛陀與她們已不是家人。至於功德：有日常做好事或是儀式上的功德，佛教是說諸惡不做衆善奉行，衆善遂與中國人的道德觀相契。以中國的觀點來看出家是不孝的，所以有目蓮救母的事蹟。我所提的佛教的轉化，基本上不是從佛學的經典來觀察，而是以史家的角度來探討。不過，佛教轉變後對中國所產生的影響應是人類學家、社會學家……等共同來研究，而不是史學單方面責任。

問：我有一粗淺的想法請教許先生。中國思想的方式是延續性，而此特色的來源之一是精耕農業，你也提到天人相應的問題，並以爲荀子的勘天論是偏統。我想若以精耕的農業文化來說，漢代天人感應的觀念最盛，但精耕農業並不盛行。我在研究荀子理論時，荀子認爲人可制天，不一定是宰制的意思，依我個人看來是與自然配合、利用自然。所以荀子的說法是否影響後代對自然更理性的應用，不知許先生的意見如何？

答：我對此有所保留。因荀子的勘天與制天之論是制天命而用之，利用自然、制服自然而不「順天」。〔荀子〕和〔呂氏春秋〕不同，荀子未對農業有所論述，而只是將自然力量用於人間。大家都知道王陽明格竹吧！他的態度是反躬自省、天地和我合一，我和天地是同一主體，此和牛頓以理性態度觀察客體的自然，並不一樣。至於漢代的農業，事實上已具備精耕細作的基本特性了。

問：對許先生的意見有小小的更正：

1. 佛教也有孝的觀念，如佛祖成佛後馬上向母親說法，只是到了中國有所改變。事實上，初期比丘尼還可在寺院中撫養父母。
2. 我認爲功德脫離不了輪廻觀念，一般人布施三寶，君王保教皆是如此；不過倡功德之說，也可能在北朝佛教受到政治的迫害。

答：你認爲北朝有許多的功德是對的。孝的觀念也有道理。雖然印度在佛教以前，視每廿五年爲一階段，共有四階段，第一階段受教育，最後老年受公眾布施奉養，奉養的責任在社會，不在家庭。他們家族的觀念和中國不同。中國的家族是講求種族的延續。不孝有三，無後爲大，使家族發達才是眞孝。佛經中的「孝」字，有些是在原典中「敬重長者」的「敬」字譯文。比較早期與晚期的譯本，頗可覘見佛教思想中國化的過程。

第五講　轉型期的發展

任何文化歷史都會有轉變，只是轉變的過程像是抽刀斷水，切也切不斷。轉變必是持續的，也不能有單線的演變。因此要確定眞正的轉變期並非易事。一個史學工作者選擇轉變期本身作爲觀察對象，也是主觀的決定。若在一定的時段裏，在不同的歷史現象上均有改變，這時段大致是轉變期。許多同步進行的改變大概都有相互呼應的關係。過去的史家總想要追尋一個因素，視之爲變化的主因。其實，難得有任何一個單一的因素能造成大幅度而又長期的改變。一定要在許多因素輻輳在一起時，歷史的轉變才會呈現波瀾壯濶的長期影響。單一因素，並非不能在某一時點上造成某一特定的後果。然而在整個歷史上，任何單一的因素，不能永遠是歷史發展的導因。

我的研究方法，總是在一個固定的時點上切一橫斷面，在下一個時點上再切一個橫斷面，然後比較這兩個橫斷面相異之處，再在其中尋求變動的主因及變化的現象。因此我這工作最重要的是選時點，而選時點則往往取決於個人的主觀意識，甚至帶有冒險性的意味，有時也可能因爲原選的橫切面不恰當而導致觀察錯誤。因此，歷史研究的主觀性使歷史學無法成爲精密的科學。

近年來，我與一羣有志作文化比較研究的同仁有經常的聚會。我們嘗試著以不同的文化的發展，觀察三個階段的特性：一是突破，二是轉換，三爲僵化。世界幾個主要文化都有一次以上的突破。有些文化也曾經歷較爲劇烈的轉化，若是轉化沒有外來文化或新文化加入的刺激時，有人稱這種情況是衰老或失調，但都不頂適當。也許更恰當的名稱是結晶或僵化。晶瑩的鑽石是十分固定的結晶，內部分子排列已難改變。因此結晶化可有雙重的意義：一方面，其內部的結構到達高度的完美；另一方面，也是結構的僵化。結晶本身就帶有辯證式的命意。今天我便以這幾個名詞：突化、轉化與僵化，討論歷史的變化。

所謂的突破是雅斯培（K. Jaspers）提出的。雅氏是哲學家，他本身對歷史的了解是直觀的。他認爲人類在文明之初，並無反省的思想；直到某一文化的成員對生存的意義提出問題時，人類的文明遂得出現。他認爲突破時代是在柏拉圖、蘇格拉底、孔子、孟子等在世的時代。這些人物都提出過超越現世的問題。我對於他的說法並不十分同意。在主要的突破發生之前，在各處的人類都已問到生死的問題。約在西元前二〇〇〇年兩河流域的鳩格米西（Gilgamesh）史詩中，其主題卽爲對於人生必有死亡，提出嚴肅的討論。我認爲中國最早的「突破」是在商周之際，但並不意味商人未曾提出超越現世的問題，只是其問題在當時並不具體而顯著。但在西周克商時，周人也許爲了反省，也許爲了宣傳，常探討一個小邦（周）能克服大邑商的問題。最後周人的答案是商人的道德低落，而周人道德凌駕商人之上。因爲上帝作了判決，上帝的地位及作用也改變了。在商時，上帝是商人的部落神及宗主神；但周人的上帝是普世的上帝，也是道德的維護者及裁判者。天命靡常唯德是親，上帝是公正的。這一突破的重要性，實在孔子學說之上。天命的觀念，第一次給予生活在世上的意義，也使人的生活有了一定的道德標準。

兩河流域的古人尋求個人的生死之間的意義。中國古人則尋求天命的集體性，昊天對每一個人都是監臨督察的主宰。由天命觀念爲基礎，開有周八百年的文物制度、道德基礎，而且爲孔子時代主要的文化突破奠下基礎。

下一個突破的階段發生在春秋戰國時，當時禮壞樂崩、宗法制度崩潰，舊有的體制無法滿足實際需要，必須尋求新的突破。孔子爲當時的人找到了新定點。孔子這一次「突破」在於將人道普遍化了，將本來行之於貴族的禮樂觀念普化於大眾之間。

西周「禮壞樂崩」的情勢，基本上是周代宗法制度的崩潰，西周開創的文化已經僵化了。雛形的文官制度也漸漸取代貴族的統治。封建宗法制度的原動力已經不足維持其運作。單憑德性的天命觀無法解釋社會的種種現象，時代需要有一套新的思想。中國長期的思想混亂，到了秦漢時儒家和刑名法家合一，才眞正重新整合。整個春秋戰國，是歷史上少有的變動期。這一時段，中國受到外來的文化影響很小。卽使有南方楚國文化的刺激，但嚴格說來楚文化的基礎原來就是中國新石器文化。算不上是「外來」的因素。

羅馬的統合，在政治上的統合比思想的統合久，羅馬世界政權和宗教是分開的。所以當人們問起宗教和政權的關係，耶穌說：「上帝的歸上帝，凱撒的歸凱撒。」基督教的傳布是由邊緣進入核心，而中國文化的傳布則由核心擴散四方。儒家官員始終帶有傳教士的任務，傳播中國的思想文化。中國的政治和思想體系是整合的，內聖外王思想卽爲政治與思想整合的說明。秦至西漢，配合統一的帝國體系，中國的思想界也費力整合思想於一個一個完整的體系。在學術著作上〔淮南子〕、〔呂氏春秋〕、〔春秋繁露〕都是思想整合的產物，在政制上，郡縣制度更爲中國訂下近二千年的基礎。但是羅馬帝國又不是如此了。羅馬和帝國各省及屬地之間的關係，因地而異。她們是和羅馬帝國各別訂立條約。釐定其對於羅馬的權利及義務。兩相比較下，整合的觀念深深影響中國人，於是中國總希望一切井然有序。整齊劃一的形式，往往易於導致僵化。中國文化的僵化，每每從內部產生。傳播文化的儒生，無法和政治分開，他們變成社會上階級最高的既得利益者。本來良好的察舉制，在東漢竟一變而爲貴族維護權利的工具。思想上，經學成爲官學（正統之學），一般士子沈溺於舊思想中，無心旁求新思想泉源，舊思想既無法滿足一般人的需要，自然不再能維繫人心，天下遂面臨崩潰。因此東漢的滅亡，固然黃巾、羌亂是原因之一，但最根本的原因是東漢內部僵化所致。黨錮之禍是東漢儒生士大夫的大刼。但是其中的領袖也不過孔融或劉表一流人物，並不足以旋轉乾坤。當時眞正的傑出人物是在正統思想體系之外的荆襄集團。所以在儒家僵化之後，東漢是非滅亡不可的。

南北朝又是一次歷史大轉變的時期，變動的劇烈只有春秋戰國時代和近代的大變化可和它相比。此時，秦漢完成的整齊劃一的體制崩潰了，佛敎的影響塡入空白，導致儒家思想的變化，爲宋明理學之興起開下先河。南北朝時期，爲轉變的前期，變動最大，而轉變的完成是在唐朝。外來的文化與思想傳入，使得中國思想又一次的大突破。但是，從另一個角度來看，外來文化也未能完全征服中國的思想領域，外來思想仍配合中國思想同步發展。就整個歷史來看，十八、九世紀以前，中國很少再有如南北朝時如此激烈的改變。

將中國大轉變和地中海世界相比，其結果甚不相同。羅馬帝國在滅亡後，歐洲未再出現眞正統一的大帝國，而中國則經過南北朝的長期混亂又出現了隋唐統一的帝國。在思想上雖然儒家思想不再一支獨秀，儒、道、佛三家卻有相當程度的交換與整合，而形成新的中國式思想。

我前面曾提到中國文化有三原色，這三個因素當是中國能再統一的原因，親緣組織團體使中國人在動亂時期仍可凝聚在一起，團體發揮了保護個人與控制個人的功能；精耕細作的農業也不允許任何奴役制度長期存在。精耕細作的高度生產力，端賴耕作者的自發工作意願。奴隸制不足以臻此。所以南北朝時期，有一次次的解放奴隸。唐代雖仍有社會階層化的現象，但不論如何唐代沒有大量人口轉化爲奴婢。中國國家和社會間，有緊張的制衡關係，然而所有的資源經由全國性的經濟網絡成金字塔狀集散，中國的文官制度，配合了經濟網絡，使人材也作全國性的周流。同時，文官體系的意識形態，始終統攝於儒家思想之下，其強烈的文化使命感及天下一家的觀念，也是促使中國保持統一的要素。

中國歷史上最近一次的大轉變發生於鴉片戰爭以來，而且至今尚在進行之中。鴉片戰爭以前，中國是否會崩潰一直是一爭論的問題。當前大陸史學家也討論資本主義是否曾在中國出現。若沒有資本主義會如何？若有資本主義的出現會維持多久？而鴉片戰爭以後的改變；

是否使中國有轉變成另一國家形態的可能，還是中國有可能被外來的勢力擊毀？

我個人的意見，認爲傳統中國的體制到了清代已在改變。此時經濟開始走下坡，生活水平因人口過多無法提升；單位生產量雖高，卻趕不上人口的增加；在政治上，整合愈整齊，思想也日益僵化。在思想中雖有明清之際少許的反動。但基本而言，從乾嘉以後，除了做補注的工作外並無活力創造新成就。學術的繁瑣化也可和東漢時的經學相比。甚至藝術品也缺乏活力而由裝飾的技術所取代。所以我認爲到了十九世紀中國文化已經僵化了。

從明清以來一連串的內亂，也看得出來中國固有的思想無法給予他們充分的回答。不少叛亂的集合都有邪端異教作爲理論基礎，實在因爲正統思想不能滿足現世大眾的思想需要，而邪端異教另一個「來世」卻是另一種承諾。（事實上這種對現世的不滿，追求另一精神的憑藉，不僅在歷史上實現。現在的臺灣也因此出現許多新教派。甚至美國也是，相信「蓋亞那」集體自殺的事件大家一定都還有印象）。總之，從十九世紀以來，中國體系的崩壞到現在，已有百年的歷史。在這轉化的過程中，如西方文化，對我們而言，是一大衝擊，但西方文化本身也正面臨僵化的趨勢。我們今日的文化改變，實際上遭逢了雙重僵化的問題。世界文化在僵化，其中共產主義地區僵化，又比任何地區更爲迅速，歐美雖面臨僵化，但因爲思想較自由，抉擇較多，其僵化的嚴重性遂較爲緩和。總之，世界的未來，也在另一突破的前夕。

討論

問：前幾次演講提出三原色的說法，有精耕農業文化，才有天人合一的思想。重視親緣組織就容易講求倫理，而國家結構也配合這樣的社會結構。但是這三原色在一八四〇年以後，歷經這樣大的變化，原色已有改變了。

前一陣子我看李澤厚先生談中國的古代思想，很巧的也提出你所提到的三要素，並感歎此三原色已不存在了。從這點來看，您是否對當代許多人所謂的儒家倫理有何看法？我想他們的談論應該和當今社會思想配合。

答：我想你說的是金觀濤，不是李澤厚。金先生其實不重視小農農業的正面作用。十九世紀以來，我國的三原色已丟了兩個半，到了臺灣又丟了兩個半的一小塊，剩下的一小部分只是親緣，而親緣的關係在都市化的過程也喪失的差不多了。所以三個原色已喪失殆盡。我在這五次的談話，事實上是做歷史性的回顧，解釋中國八千年來的變化和前因後果。

我們知道任何的思想文化都可以發生轉化，但必須有配合的條件。世界新文化必需是落實於人間，不可有神話色彩。儒家便是符合這一項條件。儒家也不像猶太教有種族的區別，而可以超越到中國以外的地方。儒家所談的差序格局不是完全的個人主義，卻也不是集體主義。在今日集體主義和個體主義衝突的時候，儒家的思想恰能兼顧二者。憑此儒家便可超越中國，適應世界新文化的需要。基督教文化的困難，在其排他性，而儒家的人間性及包容性，則是擴張的有利條件。

世界文化的另一主流印度教，則永遠尋求個人內在的寧靜，無意處理人跟人之間的問題。在今日工業社會，任何一個人都無法離羣索居，要達到高度個人主義是很困難的。只有高度厭倦組織化的人，在面臨選擇的時候，會選擇宗教。所以印度教無法和中國的儒家相比。回教唯一眞神的觀念，及其道德要求實與基督教同科，也面臨同基督教一樣的困難。由上述來看，儒家是最可能轉化的。

至於一般人所談的社會主義呢？社會主義本身有社會、政治、經濟的構想，但它變成有組織的政黨，也變成教條主義，而且本身也演變爲神話了。社會主義是集體，和印度教一樣是極端的。

但是儒家要如何轉化呢？我想這工作不能只是解釋而已，而且也不是一個人或少數學派所能完成的，必須集合眾力才能。我們今日所處的環境有點像春秋戰國時代，舊有的系統崩壞了，要重建它必需守在人的通性下，才能解決問題。

問：所以你在面對三原色失調後，還是肯定儒家，剛才你問杜先生，他說他不是儒家。他不是，更何況我們下一代當然也不是了。而你講儒家的轉化，是不是指我們個人須相信儒家？而你對此是否有信心？又將如何進行？

答：我想藉著現在大眾媒介的傳播可以使儒家轉化。至於你剛剛問我是不是儒家，或是今日臺灣儒家是否受重視。我想今日臺灣雖在課程上有基本文化教材，但我認為效果不大，徒然引起反感。我身在美國，但從小就在家庭環境中接受儒家薰陶，所以我看儒家問題時，兼有局內、外的身分。以局外人來看，現在的社會充滿了困惑迷惘與痛苦。以局內人來說我又必需在那社會裏過日子。美國文化也在僵化之中，但因美國是多元化的社會，並不排斥外來文化。在美國可以反省本身文化，也可以和其他的學者溝通、交流。我和艾森斯塔諸人在一起討論，是使他們想到在整合文化時除了猶太教、印度教、或古典主義，仍有極重要的儒家存在。

今日在做整合工作時必須羣策羣力的合作，我們不可能再期待一位先知的降臨。總之我認爲儒家可以轉化，但是不可能統一世界的思想，卻可提供世界另外一個角度及另外一些意見。如同佛敎不可能統一中國的思想，但能幫助中國渡過東漢以來的難關。在十九世紀以來，人們極度迷信科學，廿世紀初胡適先生也提出德先生、賽先生的說法，至今仍有不少科技人員有此傾向。但也有不少人提出反省。

現在轉化最重要的是學科之間要相互影響與對話，然後再普及於大眾。不可否認的，以美國而言，學術專題的討論要普及到大眾至少要廿年。與科技方面的學科相比，人文與社會的發展較慢，社會投入的資金也少，甚至出版一本專書，也不是易事。因此，雖然人文學科有創造及轉化文化的重任，其中的困難也實在不少。

離話題已遠了，但最主要的目的是在說儒家不是一定要走上滅絕之路的。

問：那其他各家是否非走上滅絕之路不可？

答：其他各家也可轉化，但也各有其自身的限度。

問：我所指的各家是指諸子百家。

答：事實上諸子百家已統合於儒家。在春秋戰國的時候，諸子百家已和儒家對話。孟子的言語向來誇張，他說天下言論不歸於楊，則歸於墨，事實上儒家還是當時思想主流，否則不會成爲百家對話的目標。儒家強調個人修養，講求仁。墨家具有社會感，墨子在墨家的刺激下，提出義，作爲社會和個人的關係。法家派系眾多，直到韓非子之時才歸於一統，而韓非子所尋求的政治社會和儒家也是互補的關係。至於道家始終和儒家處於對立的狀態，但他和儒家的關係也可說是陰、陽互補的關係。

若以武俠小說來比喻，儒家是少林寺的練功者，諸子百家是銅人，儒家便在這銅人巷中不斷的接招餵招而成長；儒家在歷史上所遇到最大的銅人應該是佛教，但是儒家也因此練成新招式——新儒學。其實佛教和儒家一樣也可以擺脫其自身的限制。禪宗即是突破佛教樊籬的佛教，只是在這過程中禪宗始終留在僧侶與學者的手裏，無法像儒家一樣深入民間。

今日儒家所面對的「銅人」是各種現代主義。這些主義本身也正有必須渡過的轉化過程。若能打倒這些銅人，儒家必須有新的調適。儒家的轉化絕不是幾個文化基本教材就能做到的，今日首要工作是重建儒家的價值觀。以五倫爲例，就很少提到男女之倫，這也是當今社會重大的問題，面對這點，我們可以用原有的朋友之倫轉化。

問：你剛剛所提到的僵化的問題時，是否他們在內部的邏輯有辯證性的關係？是否每一文化的內部都有使文化走下坡或崩潰的傾向？此外，是否能請許先生講一講每一次僵化的發展的過程和架構？

答：以我的觀點來說，儒學在中古的復興是在佛教的影響下所產生的突破，這是孔孟在春秋戰國時代所做的突破後第一次轉變。

至於你提到的每一次僵化的架構，我還不能完全體會你的問題的性質。如果是指每個時代內部各項問題是否有相互的關聯，則當然有關聯。中國的社會和國家是重疊和制衡的，政治和文化不分，所以思想往往和政治特權結合，而導致思想的正統化。少數的知識分子成為社會少數貴族，他們為了保持既得的利益和政治權力結合，以致本來應是思想的先鋒者淪為政治的保鏢，喪失獨立的開創性而成為保守、守舊，終於導致社會制度及思想的僵化。在學術上只是從事繁瑣的注釋工作。在漢代「粵若稽古」四個字的注解可以長達數萬字；而乾嘉之學也是在小問題上轉圈圈，這就是僵化的現象。幸而儒家有一最大的優點，就是永遠有一批在野的儒者以儒家的思想體系為標準來批評現有政制。

問：你剛剛提到人文科學發展的困難及遲緩，也提到學者之間也有溝通的困難。令我覺得討論人文科學的問題是否和科技的溝通不同？而人文和科技的對立又要如何解決呢？社會當如何支持人文的發展？

答：單以科技來說這問題就很難解決，在今天是以技領科，科學的發明大部分是因應社會市場的需要而生。

至於談到對人文和科技的支持問題。以今日美國而言，科技人口和人文人口的比例十分懸殊；資金的比例是更不成比例。造成這種偏差，實在是資本主義的後果。而在人文學科中，經濟最吃香，也是由於資本主義社會中市場的需求。在社會中大家強調的是實用而不是思想。以今日大學課題來說，我們認爲應增加人文學科素養，我們必須作極大的努力，說服社會，也說服學術界的同仁。市場掛帥的今日，人文學科各系所得到的支持實在太少了。在學術出版界也有庸俗化的傾向，學術性的書籍不受歡迎，倒是庸俗之書大爲暢銷。這是當前的困境，也是我們必須面對的挑戰。

下篇　科學與工藝

第六講　談李約瑟之〔中國科技文明史〕

今天我們要談李約瑟提出的問題。大家都知道前一陣子李氏到臺灣來，也都熱鬧了一會。談到李氏大家也都知道他對中國的科學做了最大的貢獻，可以說是「前無古人」，至於「後來」有沒有來者還是未知數。基本上，他幾十年來的工夫是澄清兩個大問題。第一個問題是爲什麼在十五世紀以前，中國的科學工藝發展的很好？我們應該注意到他用「科學工藝」這個名詞，是指以工藝及科學技術應用到人類現實生活的有用地方；而在西元一五〇〇年以前有兩千年的時間，中國的應用科學遙遙領先歐洲。第二個問題是爲什麼一五〇〇年之後，中國不能單獨發生一次科學革命？基本上他一輩子所問的就是這兩個大問題。他問題問得不太對，而他想解答問題的方式也不太對。他已編輯了十餘本重要的科技史讓我們讀，但是他基本上也不能因爲材料增加，而解答他的兩個大問題。

現在我們先討論「比較研究」的方法學問題。我們能不能拿兩個東西眞正的比？這是第一個問題。比的過程如何？比的方法又怎麼樣？這是連著的第二個問題。是不是世界上所有的各個文明都必須走同樣的模式呢？我們先回答第一個問題。就像兩個人做比較時，根本無從比起一樣。譬如我個子矮小，但（沈）君山玉樹臨風，這如何把兩者做比較？又我在三十八歲時結婚，君山卻至今沒有結婚，更是無從比起，不是嗎？同樣地科學革命爲什麼發生在一五〇〇年的問題也與此類似；爲什麼前半段君山的戀愛經驗這麼豐富，然而後半段忽然趕不上我呢？這個問題不能比，因爲兩者並不相干。我們要問的是：基本的假定對不對？是不是大家一定要在二十二——三十九歲之間非結婚不可？其實這也是不該假定的問題。李約瑟的方法論上就犯了這一類很嚴重的錯誤。前面的錯失小，後面的錯失大。如果所有的文化要走相同的模式，那他怎麼不問印度爲什麼連前半段都沒有呢？或者爲什麼回教沒有前、後半段，而只有中間呢？顯然這些問題都不確立。假如我來問這問題的話，要在歷史的內涵裏邊問：什麼樣的條件造成了歐洲本身的科學革命？而什麼樣的條件造成了中國前半段的發展？在中國前半段發展的項目，一個一個比的話，是不是也恰與歐洲前半段的項目相當？我們一比就知道不一樣，跟後半段比更是不一樣，兩邊的前半段跟歐洲的後半段都不一樣，因此我們不能夠單單以兩邊發生的情況來比較。也就是說，中國缺少那些情況才沒有結果，歐洲缺少那些情況前面才沒有我們的一枝獨秀的應用科學。所以，歐洲的情況產生了歐洲的科學與技術；中國的情況產生中國的科學與技術。更要注意的是「科學」與「技術」這兩個名詞。在中國的傳統，過去並沒有「科學」的語根，用英文來寫的話應是科學的多數，不像現在的用法，理學院的基礎科系的學問統統都是科學。這是近代的觀念，以前並沒有。

以前說過歐洲科學的發展至少有三條線，這三條線各自單獨發展，並不統攝在一條系統之下，也不像現在統攝在理學院的項目之下，這是三條單獨走的路。中國也有好幾條單獨走的路線，不是同一時代線線相連的。所以從這個角度來看，科學這個名詞本身內涵不一樣，也就沒有辦法一對一地來對比，更不能說在那個情況下有那些項目必須一對一的來比較。

李約瑟自己也喜歡討論中國前半段的科學發展情況，他提出幾處提示性的條件：第一個條件是地理環境。中國位大陸，沒有內海；農業靠季風來調節，農業爲集體式的、是水利式的。他說中國爲了要控制雨水和灌溉，必須有一個強而有力的國家，以及一個很大的官僚體系來從事這個工作。由此他進一步解釋說：中國需要這樣的官僚體系，有這樣的水利需求，所以中國的科技著重應用，而應用技術和灌溉有密切的關係。換言之，中國的官僚系統和控制雨水、水利、水運都有極密切的關係。在這個論點上，他無條件地接受了魏復古（

Karl A Wittfogel）的理論。而魏復古的「東方專制性」（Oriental Despotism）理論則是根據馬克思的理論引申而來的。後者實際上牽涉到馬克思對東方政權的一般性誤解。我們知道在一百年前歐洲人將所有地中海岸以東的地區都叫做東方，而且認爲整個東方都差不多一個樣，就等於我們從前都叫外國人爲洋鬼子，甚至我們的「外國人」一詞也很籠統。有時日常講話時的口語「西方」，其意念也很籠統。相同地，一百年之前，歐洲人對於東方也是一樣的籠統。東方專制論是根據對東方一般性的誤解所產生出來的觀念。魏復古說水利系統、水利設施所建立起來的理論，也是基於這種一般性的誤解之基礎上的。這個理論基本上是一個生產力的理論，強調東方的農業生產是根據水利，所以一定要管理水利，以此來解釋東方必須有一個專制政權。換言之，李約瑟說地理和環境的影響使得中國有這些條件，也不是完全站得住的。

第二個是說中國有個「理」字。無論道家也罷、儒家也罷，都講這個「理性」的「理」字。他認爲「理」就是理性。由此，他認爲中國古代的科學繼續發展，是因爲能擺脫了宗教的束縛，而以「理」作爲思想的最高原則。在另一方面，他說我們中國缺乏羅馬傳統的「法」的觀念，也同樣缺乏古猶太教裏面「神」的觀念。他進而說我們中國「法」的觀念與西方不一樣，中國沒有產生尋找法則、尋找終極根源的習慣。終極根源是基督教義中一個很重要的觀念，我們每一個東西都由一個原因推出另一個原因，經過長系列的原因，最後會推到神那裏，推到「神」的意志我們的責任就了了。所以神是第一個因也是最後一個因。李氏說我們中國裏面沒有這個環節，因此我們沒有追尋最後根源的習慣，關於這個問題先擱置，俟下文再談。

我們先來看看中國「法」的觀念。我們常常說要效法某人，效法這個「法」的定義比法律的「法」來得早，先秦最先使用「法」這一字的時候，是指模仿的意思。法家當然指商鞅、韓非、申不害等人。在英文裏慣用的名詞叫做 legalist，聽起來好像法學院的畢業生一樣，其實不是，法家的「法」指的是方法的法，是指法式與規範，所以我們沒有辦法來比較這兩個「法」。倒是「道」字可以和「自然律」(law to Nature) 來相對的比較，但是其間仍然有差距。中國的道如「天道」，或者道家的「道可道，非常道」，乃至於孔子所說的「朝聞道，夕死可矣！」的儒家之道，都不是一個 Natural law。固然說天道運行的時候，不爲人事所影響，所謂「天命有常，不爲堯存，不爲桀亡」，「道」總是自己在運行，不管別的。換言之，「道」本身並不是一個法則，它是一個實實在在的本體，它是所有東西的總名稱，它本身就是一切，所以中國古代的「道」，不論儒家或道家的用法，都與自然律不同。而在另一方面，我曾說過中國的道是人道和天道的相互作用，兩樣並非獨立分離。天道見於人事，人道見於天象，相互作用。一方面是大宇宙、小宇宙的對立，另一方面是天人兩界的相感。人的力量可以改變這個道，人的力量可以拿這個道的方向來制約。在中國史書中往往有論災異的五行志一類的書，如女人長鬍子、公鷄變母鷄、夏天下雪等這類都是災異。世界各國對於災異都很重視，任何怪異現象都代表不自然或怪異乖謬，在中古歐洲若有公鷄變母鷄之事發生，卽當作違背神律，違背自然律，教士必須立卽殺死這隻鷄；中國若有災異的現象，都可能導致宰相免職。換言之，人事必須負起災異的責任。從這裏可以知道「自然律」和中國的「道」相差很遠。這個一體的「大道」籠罩著全宇宙，每一個個別的個體都在道裏面，所以莊子說：道在心裏面，道在日出日落的地方，甚至道到了糞便裏邊。無處不是道之所在，在人、在事、在物。奇怪的是，中國古代並未以爲這個「大道」可以用個體來反映，只以爲「道」在人的行爲裏，尤其由集體行爲裏覘見，沒有辦法在其他的物體中觀察。什麼時候我們才覺得大道可以觀察呢？一直要到佛教傳到中國來以後。佛教中國化之後，華嚴經裏面講有一個帝釋之網，也是天地的網，稱爲因陀羅網。因陀羅網幾乎相當我們中國的「道」，它本身就是一個宇宙。因陀羅網每一個網上的交叉點，打結的地方都有一顆明珠，每一顆明珠照見別的明珠，而又從別的明珠照見自己。換言之，並不是單單一顆明珠，交相輝映，一珠可見其餘所有的明珠，同時在照得見其他明珠時也照見了自己。於是，宋儒的格物，也正如上述珠網的觀照：從格一棵竹子中格出道理來。當然也仍有像王陽明一樣的人，格了七天也沒有格出道理來，假定你可以從一個個體裏見到一個大道理來，你才可以局部概全體，以一見萬，基本上假定個別的物體是全體的反映。總之，宋朝以前，「道」不可以從個別物體映照，一直要到佛教傳入之後才建立這個觀念。

基督教傳統裏面以神律和自然律來統攝人間的律法，是很合理的事情。因爲宇宙萬物，包括人在內，都是上帝創造，都由上帝統治。中國的「道」卻是先天地而生，道要你作爲一個人，你也是大道裏面的一部分。你要能研究道的時候，一直要到你相信你這個個體映照全體，不可推演到全體。於是理學家才說，我與其看任何外在事物，不如看我自己的內心，因爲內心的自己本來就是道的一部分，所以「道」對於我、對於我的內心是完全存在的。這個觀念使中國的思想方式，相當於十六世紀以後歐洲所統一的類似途徑，可以觀察一個物件尋找到整體，也尋找因果的長鏈。只是我們轉了一個方向，轉到內心的考查，轉到自己的反省，於是乎竟不再觀察外面了。這個大轉變就是因爲道與法的觀念與歐洲的觀念很不相同，李約瑟在「法」這一方面的討論是相當精采的。不過他在兩個基本出發點上，並沒有正確的把握其分歧處。

下面要講到文官系統及其成員，亦卽中國的士大夫或精神階級（知識分子）。在李約瑟的意念中，中國從漢朝以後一直到近代，始終有文官系統在運作。然而中國的文官系統並不是他所說的專管水利、交通等等。中國的文官體系中有相當大的一部分，基本上是爲儒家系統擔任思考闡釋的工作，其性質並不是在現實的處理應用問題，都是爲了道統做延長和闡釋的工作。所以李氏對於中國的文官體系的觀察，其實只有一部分是對的。而以爲文官體系和水利工程連在一起這一部分，則是誤讀了中國的歷史，相對地，韋伯在討論中國的宗教時，把儒家當成一個宗教。(固然你我都知道，儒家不是一個眞正的宗教。但無論如何，它是一個思想體系。）韋伯在討論中國的宗教時，其實對中國的文官系統和知識分子的了解都遠比李氏的意思爲深切。

中國的知識分子一向耕讀傳家。士農工商之中，整個系統從上到下爲寶塔形的結構，中間沒有一個自治性的單元。中國沒有像歐洲的學術界人士。談到歐洲的學術性的知識分子時，我想先一談兩河流域及希臘的知識分子，他們都是出售知識，以知識作爲商品，以此謀生。古代兩河文明，有專替人寫信的人、也有醫生、律師、會計這一類職業，這與古代埃及的祭司完全不同，也與中國祝宗卜史來聯繫天人之間的作用不一樣。歐洲那一種所謂自由職業性的知識分子，古代中國是沒有的。中國不是沒有醫生，但是並不能成爲一個階層或人羣。中國基本上沒有律師，也沒有會計師。中國的知識分子是和農業連結在一起，是和國家機構連結在一起，是和社會的統御運作連結在一起，卻不與專業的知識連結在一起，尤其不和實用的知識連接在一起。這樣的知識分子和文官體系不能分開。

談到自治性的組織時，韋伯在〔城市〕一書中，花了很大篇幅去討論城市本身的功用及其性質。歐洲近古時期城市脫開了封建的網，也脫開了宗教組織。基本上以專業與商品爲基礎，由知識分子、商人、工匠三種人構成，大學和基爾特（卽工人或商人工會）是城市的基石，歐洲中古城市是靠這種自治性組織維持的。中國的知識分子從來沒有完成到自治的結合。在這個意義上，韋伯討論的祇是以中國知識分子作爲成員的文官組織，但是遠比李約瑟討論中國知識分子與文官系統來得深刻。李約瑟現在所做的工作，他每多出一本書，反而使他更困惑一些。他拿科學和工藝分成一個個科目，一部部書討論，一部部書都交代了細節，討論中國科技的貢獻和發展，所以他這本書編下去會變成百科全書式的參考書，卻未必有助於回答他自己所提出的大問題。

再回到「科學革命」的問題，明末淸初時，中國幾乎有了科學革命。當時耶穌會敎士將當時西歐的科學知識，包括幾何學、天文學、數學、機械學等等帶到中國來。不過以天文學來說，耶穌會傳敎士並未切實的完成介紹工作，他們都知道伽利略體系，然而他們諱莫如深，不談此道。因爲在伽利略體系中「神」的位置將成問題，只有把地球擺在中央，神才有位置，才符合基督教原來的教義。除天文學之外由天主教教士傳來中國的，都是當時最好的理論，尤其地圖之學是當時第一流的。

耶穌會士得來的學問，使得中國一些遺忘很久的知識又復活了。各位都曉得算盤，中國算盤的使用大概從元朝開始，元朝以後就很流行了。在還沒有使用算盤之前，我們解四則雜題：加、減、乘、除、開方等等，都有一套數學書來解決它。宋朝對於各種四則問題，都有相當好的解決方法。但有了算盤以後就背口訣，記憶口訣之後，數學教科書反而不用了，中國數學到了明朝的時候竟一落千丈。然而，因爲西方數學的輸入，中國數學家就開始尋找自己的根源，並且拿西方數學與中國傳統的數學互相對照，對比之下發現相類的地方、相通的地方，居然復活了中國數學的研究。（打算盤、背口訣這一套作風，我現在眼看著又要發生了，我們的電腦程式越來越好，卡碟愈來愈多，我看我們就不會做算術啦！慢慢地，數學就不用學了，以後也許就等外星人告訴我們什麼是數學吧！）明末清初的這些數學家得到西方的刺激相當大，（此時大約相當於一六七〇～一七〇〇，與十六～十八世紀西方的科學革命時間上只差一個世紀不到。）數學、機械學、力學方面尤其顯著。

但爲什麼那一段的發展沒有繼續下去呢？爲什麼我們有個小型科學革命，而這個小型革命沒有長成？因爲這個小型的革命不是延續發展的，它是引發的。它的起因很簡單，其未能發展的道理也很簡單：滿清政府在中國的統治，對於知識的追尋採取極大的壓制態度；當時知識發展最快最多的是江南一帶，而江南又是反清復明運動最堅強的據點。中國知識分子，在政治上的不利，以及沒有大型的集會結社都使得他們的科學革命沒有辦法開展。這一拖延要等到第二波的影響傳播進來，就是鴉片戰爭之後，也才有了第二次的覺醒。所以明末清初的小型科學革命是夭折了。

李約瑟所提出來的兩個問題，在五四運動以後，不斷有人提出。李氏所提的問題還肯定中國前半段的科學發展，認為一五〇〇年之前中國的科技還發展得很好。但是五四運動時代，中國人自己所提出來，卻否定前半段中國科學的成就，而問為什麼中國沒有科學？當時馮友蘭等人提出許多答案。有人說是中國沒有邏輯，但為什麼胡適之先生要研究中國古代的邏輯？有人說中國沒有方法學，胡適之先生又說乾嘉一代的考證就是一種科學的方法學。這一類東西是針對中國為什麼沒有科學的疑問所提出的答案。今天因為李約瑟這兩個大問題懸在那裏，對於那些小答案反而可以不必太考慮，即使去考慮也沒有太大的意義。

基本上我今天就李氏的意見介紹一下，而且就其重要觀點和大家討論。今天我就說到這裏，請大家提問題。

第七講　西元一五〇〇——一七〇〇年的科學革命

前幾天我看到沈君山先生以前在「科學與認知」課程的大綱，我想今天對於現代科學方面就不去管它了。我們要管的是什麼呢？就是從古代科學轉換到現代科學中間的轉捩點，及在轉捩點上發生些什麼樣的情況？因爲現代的科學主流是由西歐的科學延伸下來的，所以我所說的當然以西歐的發展爲主體。

我們今天的題目是西元一五〇〇——一七〇〇年之間科學發展的情況。這段期間，有人稱之爲科學革命。原因是古代尤其是受基督敎教義所約束的傳統性的假科學思想以及技術，在這段時期已經改變了。

巴特斐（Butterfield）曾經稱這一段的轉變爲「惠格革命」（Whig's revolution），

「惠格」是什麼意思呢？它是英國的兩大政黨之一，另外一個叫托利黨（Tory）。一般說來，惠格黨是代表小市民、商人階段，而托利黨則代表貴族。巴氏以為：這一段時候正配合上當時的工業發展、對外貿易的發生、新大陸的開闢、新市場的開拓等，因此造成了機會，使許多本來沒有發言權，也沒有辦法受教育的小市民階層進入受教育的人羣。這些人就推動了所謂「惠格革命」，亦即所謂的平民的科學革命。和這個相配合的現象有英國議會制度的確立，以及國教本身從天主教脫離，自立門戶。這許多問題都是一連串的，可是眞正講到產生科學革命與惠格革命的說法仍有許多有待解決的問題。而最重要的問題則是當時科學家是些什麼人？

這些人的出現，在時機上和惠格黨即一般小市民階級的成長幾乎是同步的現象；然而歷史上的相關性是不是就可以簡單的用同步的現象來解決呢？事實上是不可以的。因為從古代經過中古時期到近世的這一段時期，所謂的「科學」，實際上應當是有好幾個不同的傳承：換言之，科學的發展並不能歸納到一條線上。基本上，歐洲的科學可以說是有好幾個系統的科學傳統。有一系是從希臘亞里斯多德開始，與生命有關的科學，包括醫學、生物學等等，亞里斯多德是最早將動物、植物作分類的人。這一系統有一條獨立演變的線索。第二個系統是從古代的煉金術所產生的，這個系統也和古代的象數（指數目字）及幾何學發生關係，畢達哥拉斯認爲宇宙間數目字之間有一種很神秘的關係。用中國話來講，煉金的人是術士，「象數之學」跟這個「術」字是有很大的關係。在中國古代，本來是兩個不同的傳統，一個是我們講數目字的象數之學，遺留到今天的一例卽是魔方塊，大家曉得最小的魔方塊是九個數目字，橫列的和，直列的和，斜列的和都是一樣的，中國道教的道士有一種符，卽是魔方塊數字的連線。西方的傳統中，也有這一種傳統，認爲數目字中間有一種神妙的關係。我想這就是所謂的數學遊戲吧！中國煉金術系統是和象數之學分開的，而在古代希臘卻並不和數目字分間。他們總覺得宇宙之間有一種秘密，隱藏在事物之中，你要自己去找尋它，它可能是口訣，也可能是一種元素。總之我們可稱這種傳統爲「神秘之學」，也可以稱之爲「象數之學」。這一系統和上述亞里斯多德的那一系統並不相關。亞里斯多德代表的有機體系，在古代希臘也有一大堆自己的名詞和觀念。譬如說：氣、土、水、火是天地間所有萬物共有的元素，所有東西一定要有這四個元素配合才能產生。第三條系統則是從天象學、占星術發展而來的。對於天體運轉的週期，一般人總認爲它像機械一樣，扣住一個圈一個圈的轉，使得整個天地看上去像一個機器一樣。這一系統和上述的兩條系統又不一樣。

從這三個不同的傳統又個別發展出新的情況，但要到了十六世紀的時候，一些嶄新的解釋與理念才出現。基本上，剛才講到的這三個傳統和宗教都有很密切的關係。在有機體系的生命科學，認為有一個神所規定的、活生生的東西，整個宇宙就是一個活生生的東西，它有一定的性格，也像生命一樣，有一定的取向。每一個小生命在這個大的生命裏邊，只是一部分而已。這一有機系統迥異於以宇宙當作一個大機器的機械系統。大機器上加一個輪子，少一個輪子都可以；但如果是有機體、生命體就不能隨便加個胳臂、少個胳臂了。這一系統認為宇宙間最後的生命、最後的意志就是神。中古的時候教會對亞里斯多德的系統相當滿意，（雖然亞里斯多德從未知道有耶穌基督的存在）並且把亞氏學說視為神學理論的基礎。象數之學與天文學兩大系與宗教相組合，自然更方便，因為世界是個神妙的東西，這神妙的東西本身是件藝術品，藝術品是由最偉大的藝術家所創造的，至於機器呢？基督教也說一個機器能如此運轉，必定要有個根本的根源，是最初的因，也是終極的因，第一個原因和最後一個原因是相同的東西，換言之，都是神。這三種中古時期科學的流派，每一系統的科目，他們基本的假定都與科學有密切關係的。於是，中古時期出現的繁瑣神學與科學配合在一起，以解釋天地間的各種問題。

到了一五〇〇——一七〇〇年，情況就不同了。這時出現了一批新的人物、新的因素。首先出現了以實驗為依據的學問，其次是出現了一種新的語言，科學專用的語言。現在我們舉兩個例子，談談實驗的問題，一個是哈維（Harvey 1578-1657），另一個是伽利略（

Galileo 1564-1642）。哈維的貢獻是發現了人的血液循環與心臟之間的關係。他的方法很簡單：殺條狗，再觀察其身體結構，這在當時是冒了天下大不韙的事。伽利略是第一個眞正的觀測者，有系統的、有計劃的用望遠鏡來觀測天象，建立各種天體的運行關係，並下結論說地球不在中心。從上面兩個例子就可以知道十五世紀轉捩點的重要象徵之一，即是有了實驗。至於所謂新的語言，科學的語言，則是數學。我們可以舉培根（Bacon 1561-1602）爲例，他用嚴謹的、辯論的、邏輯的方法來說一句話，而不再是用經典來支持自己的結論。一直等到數學眞正變成科學的語言，科學才脫開了自然語言的束縛。然而培根至少是個開端，所以一五〇〇年之後，人類對於知識的追尋，已是一個全新的事業。

現在，再談三個系統中，每一個系統本身的演變。在神秘系統中我們首先當提到帕拉克里素斯（Paraclesus）。帕拉克里素斯是位醫生，但他和別的醫生不一樣。從中古時代一直到上述的近代開始，整個西方醫學傳統是在噶蘭（Galen）的影響之下，噶蘭是中古時期的醫學家，當時所有的醫生都和噶蘭一樣，他們的想法和我們的漢醫相當接近的，認爲一個人的身體之內有若干不相同但互有影響的有機體，而且身體也反映小宇宙與大宇宙的對應關係，至於生病則是人體的有機體發生失調的現象，於是生病沒有什麼外來的因素（例如細菌）可言，也不談人體中的個別器官，或者器官與器官之間的問題。當時大部分的醫生都供養在達官貴人的府邸裏，他們都相信同樣一套的說法，醫治的方法也等於魔法師的方法，有許許多多古古怪怪的藥方，而藥方裏面多半有液體，幾乎跟我們漢醫的基本假設很相像。（當然，中西古代醫學，各有各的理論系統，並不是相同的。）帕拉克里素斯另闢蹊徑，用解剖方法觀察人體結構。當時的宗教禁忌，不允許他作人體解剖，他只能偷墳盜墓，借新死的屍體觀察，有時也藉外科手術觀察肢體的結構。他用這個比較實驗的方法，來觀察人體的一些現象，所以他得出來的答案與傳統醫學所說的情形完全不一樣。他說人體由許許多多不同的器官組合而成，那個器官生病是那個器官本身的事情，跟別的器官未必有關。他說疾病的原因，由外來的影響比內在的問題大，喝錯水、吃錯了東西，都會導致疾病。他基本上認爲疾病的原因中，有不少是因爲外來的感受，由於外來物的侵犯才會生病。至於治療的方法，帕拉克里素斯首創大量的使用化學藥品，所以在生命系統的科學傳統上，帕拉克里素斯等於開了一個新的紀元。

在另外一方面，笛卡兒（一五九六——一六五四）是第一個懷疑到自己在不在的人，第一個嚴肅的懷疑者。這一派，我們本來把它歸在「象數之學」中，他們一方面接受傳統說法，天地之間的秩序是神匠設計出來的神妙系統。在另一方面，他們認爲必須要用嚴肅的思考，以確實的肯定自己的存在。笛卡兒的名句，「我思故我存」，卽是從肯定自己爲思考的主體，以肯定宇宙也是存在的實體。

第三個開創新紀元的人是賀本（Holbun 1588-1679）。機械論系統的宇宙是一個大的機器，其中相對關係恆久不變。他卻有不同的意見，他說人性跟宇宙其他的性一樣，都是經常在變動，沒有一定的互相關係可說，而人羣所構成的社會也是經常變動不居的，它應該有一個機械性的秩序存在。但這個機械性的秩序不是永遠如此的，只是一時之間的平衡，或者一時之間的必須再樹立一個權威來維持。換言之，賀氏的理論將機械理論也倒過來了。

以上我舉了這三位科學的先驅，說明在中古以來的這三個傳統都開始有了一個新的方向，而這個新的方向導致最後近代科學的發生。最後我們應該講到牛頓（Newton）了，牛頓一個人跨越幾家，他屬於上述的三家之中的兩家。他認爲宇宙之間的秩序是神妙的機器，他也承認宇宙之間是個奇妙的藝術品。

現在我們想想看，科學革命本身是什麼樣的條件構成的？是不是巴特斐所說的「惠格革命」呢？仔細地推敲仍是有問題的，因爲惠格黨本身是英國的現象，並不是全歐洲的現象，而不少科學革命的重要人物並不是英國人。如果從宗教方面來思考，譬如韋伯即從這一角度來解釋這段改變。當然這時期正是宗教改革如火如荼的進行著，的確有各種不同的新教徒出現，而新教徒與當時的商人階級、小市民階級是有關係的，但這也只能當作是同步現象，而並不能圓滿解釋上述當時發生的一些問題。帕拉克里素斯是醫生，而律師、神職人員與醫師在那時是一種既非貴族亦非商人的自由職業。醫師替富貴的人看病，他們是保守的，並且依附在當時所謂的統治階層上面。但是帕拉克里素斯卻是一個窮醫生。當時也並非只有他一個窮醫生，其實還有好些位窮醫生，綽號稱「理髮師的外科醫生」(Barber Surgeon)，這些人在各處的醫藥界中可能不曾受過最好的訓練，他們的收入也不是最高的。他們是屬於邊緣型的人，他徘徊在正統圈之外。因此之故，他們沒有職業上或道德上的禁忌，殺了幾條狗，卸了幾條腿也沒啥稀奇。結果這些人敢於突破禁忌，敢於打入新的天地之中，到最後這些人反而成了近代以前的醫學始祖。

間接地講起來，「惠格革命」的理論在這個問題上不能算完全錯誤。因爲小市民與普通的商人也要看病。他們照顧的是這批病人，而不是照顧那批衣冠楚楚的上層階級人物。所以這種屬於主流之外的邊緣人物，反而是一羣特別專業人物，因爲社會環境變了，他們才能够有機會發展自己一套非正統甚至反正統的學術。

屬於神妙系統宇宙論的學者中，這時有大批數學家出現了，包括喀卜勒、牛頓等人。他們所在的地方是東歐波蘭，德國的邊緣省分，或是海島上的英國。他們都不在當時文化中心的法、德，也不在當時的神聖羅馬帝國中央區，而是在邊緣地帶。他們相信以數學作爲工具，不再討論與上帝有關係的問題，而討論速度、線條、面積這一類觀念，過去那些瑣碎的問題消失了。總之，這些人在地緣上屬於邊陲，不受神聖的羅馬帝國中央區那種壓力，所以他們在思想有相當大的自由權。波蘭爲大公國，因爲地處邊緣，所以有向東或向北開拓的機會；英國海外的開拓，獲得前所未有的富源，兩處都有支持這新數學家的能力。

持機械論的宇宙觀人物，我們剛才舉的牛頓及其友人，不少人都在英國。當時英國有所謂的皇家學會，這些人彼此之間都有親密的關係，而他們本身在社會階層上屬於士紳階級。他們並非商人，亦非貴族，他們是所謂收租的人，也是有錢有閒的人物，因此集合在一起，經常討論問題，久而久之就發展出一套新的學風。英國當時雖然已有海外富源，但一方面英國國教不受羅馬教會的干涉，另一方面，地處大陸的邊緣，不受大陸中央顯學的約束。

從以上三羣新科學家的社會背景來看，共同點在㈠都不在中央㈡都不是眞正的上層掌權階級，卻又都有一些其他的支助。醫生有小市民的支助，紳士有海外資源支助。從政治局面來看，這時候的英國、荷蘭正慢慢起來，而西班牙和神聖羅馬帝國則在一步一步走下坡。政治上、經濟上當年的邊緣站起來了。將要取代原來的中心。中心地區改變了，所以在邊緣產生的一些人物，竟能開創新局。再從制度層面來看，這三類的人或多或少地與一些組織與機構有關。譬如以大學來說，帕拉克里素斯這一類的醫生很多都是大學訓練出來的。而這些大學卻又並非中心地帶的大學，卻是被正統排斥的人所辦的學校。

另一類機構則是學會。英國的皇家學會，成立於一六八〇年，到現在已有三百餘年，仍然存在。類似的皇家學會，還有法王路易十四所創辦的學會。由於一些反主流派的人與這些機構（或學會或大學）相結合，學者們一方面可以生生不絕、繼續不斷地訓練下一代的學者；另一方面，他們也可以成羣結隊，合作研究，這幾個條件合在一起，我認爲是十六到十九世紀的歐洲，才可能有科學革命的特殊背景。

我上次提到有一羣知識分子，我稱他們爲背負文化傳統、承先啟後的人。承先啟後的人有兩種可能性，一種是很保守的，只是傳述前人的理論及組織。另外一方面，在文化傳承者之中，則有些人都是開創的人，異端的、背叛的、反傳統的。這些異端的知識分子在當時都是被排斥於正統之外。如果這些人，幸而生在干擾較少，又有人供養的地方，久了就自然會成氣候。任何大傳統的知識階層中，都可能出現這樣一批異端，但是異端也要依賴一定的條件，才能使異端發展另一種可以代替正統的力量，不讓正統獨佔知識的組織。如果這些異端能够成長，如果舊的保守傳統不能滿足新時代的需要，則異端就會和新時代的需求合而爲一。因爲新的時代、新的資源、新的財富、新的人羣、新的社會羣體就會提供他們的支持，使得舊日的異端成爲新的主流。但是，新的主流也有僵化的時候，當僵化之後，又會有新的異端來造成另一次的改變。如果恰好這時有一股新的力量能夠支持，新的異端就可以配合新的時代，產生新的思想革命。十六至十八世紀的科學革命毋寧是近代革命影響極為深遠的一個。從這套解釋來看，「惠格革命」就不是僅僅討論時間的同步現象，而是討論到主角本身的來歷、主角本身所做的事情，以及他們怎麼樣突破本來的樊籬而開展出新的境界了。

第八講　中國科技發展的一些問題

上次說過，近古歐洲的科學發展分成三個系統或三個傳統，同樣地，中國也分成幾個傳統。但是中國的傳統與西方的傳統在分類上是不一樣的，基本上是以科目爲分野。一般來說，可分爲天、數、地、農、醫五個項目。

首先介紹「數」。因爲「數」跨到天文部分，也跨到工藝部分。在數的體系中，中國有幾個特點，一是以代數作爲其特點，此外則是籌算。籌算是一個工具，而且計算是中國數學最基本的一個要求。中國的數學發展就好像是爲了作實際的四則雜題一樣發展來的，並不是爲了抽象的思考而發展的。這與古代希臘的數學有很大的差異。希臘的畢達哥拉斯學派根本上認爲天地是由數所構成的，所以其系統中「數」並不只爲計算，還包括了解釋「本體」與解釋「變化」的內容。

第二個要談到的系統是天文學，天文在中國基本上是和曆法配合在一起的，兩者有很密切的關係。中國講天文是要編製一個合乎天時的曆，使得太陽年、太陰月和農時可以很和諧地配合在一起。不過，其間也提到一些牽涉本體論證的問題在裏面，例如講到宇宙本身和天體的運行時，則是以天體之運行來象徵整個宇宙的運行，這是就空間而言。以時間來說，則是以天體的排列，追溯到一個假想的起點，在這個假想起點上，日月合璧，五星聯珠，要排到那一天，這個才是核算其曆法精確性的指標，於是天文學在中國的價值上，就跨於實用和抽象的本體論兩個角度。至於數學與天文學的關係，是因古代曆法主要內容以計算來核對五星相互間的位置與五星和日、月、地球的相對位置，所以天和數兩者是合一的。可是單單靠數學的計算還是不夠，實測也是一個很重要的方法，以查核曆法是否「合天」。中國在實測方面的記錄，比世界上任何文化都來得長，來得精確，也發展了一些觀測天象的工具。

第三個是地理的問題，地理常拿來與天相對，中國的地理學中，人文地理與自然地理並無分別，而以人文地理爲主體。中國地圖的製作非常早，而地圖製作的基本方法，如投影法、比例尺等都與近代的觀念頗爲接近。譬如漢代的地圖，今日已有出土，其繪圖原則與今人的地圖，並無大區別。中國的地理學也是很特別的一支，主要內容是因爲中國大帝國的政府事務，諸凡收稅、行政、軍隊的戍守、經濟的發展，在在須有地理知識，所以人文地理的色彩極爲濃厚。

至於醫學的傳統，基本上，理論基礎是陰陽五行，以人的整個身體當作一個系統，從頭到足底，從裏到外，整個都是一個不可分割的系統。望、聞、問、切是診斷的主要方法。所謂八綱——陰、陽、表、裏、虛、實、寒、熱，這是四對對稱名稱用來形容人身體的情況。再用四種現象——寒、熱、溫、涼，用五種味道來判斷——辛、酸、苦、鹹、甘。這種醫學，到今天的漢醫還存在。中國的解剖學發生的非常早，第一部經典〔黃帝內經〕，內容主要是將人體自頭到腳，裏裏外外的器官給予尺碼，譬如腸子長度，血管長度，骨骼長度及數目等，而度量這些尺吋，一方面是依體型的量度，另一方面則由解剖實測。所以，中國的醫學是非常實在的，靠實際的經驗和觀察發展出來的。固然中國醫學的理論以形而上學爲基礎，但基本觀察法卻是實在的。〔傷寒論〕是中國醫學當中的名著，其實是將人類身體的病歸類爲一種範疇的熱病，總歸起來而稱之曰「傷寒」。就像目前所謂的癌症，其實是許許多多不同種類或器官的癌病之總稱一樣；古時候的傷寒亦復如此，它並非都是指一種病，而是將時人所認爲是一種病的，都列在一起，並將此種病之徵象、過程以及後果全部列出來。至於〔本草綱目〕則是一部藥典，它收集所有有關草科、植物、動物、礦物等有關藥物之類的知識，而探討藥的性質。從〔本草綱目〕和〔傷寒論〕來看，中國醫學可以脫離形而上學的理論，而從實證上抽取經驗，記錄藥物性質及病的現象。所以，中國醫學實際上是兩套東西來相配的，理論常常不過是點綴，醫學的應用則是靠實際的檢驗所得出來的結果。

農學在中國，其傳統已十分久遠，也有許多的理論基礎，譬如怎麼使陰陽相配合？如何使水和土相親，以至於人和天的合作等等。從漢朝以來，就有一系列的農書，談到如何治地？如何耕種？如何選種……一連串的過程，這些都不是純粹靠理論得來，全是由實際的經驗建立起來的一個大系統。中國的農書中，往往包括傳抄前代書籍的一部分，抄下來之後也不說明是從那兒抄來的，這種情況下使得史料的「時代」易於混亂，造成研究中國農業史方法學上的困難。中國農書都是士大夫所寫的，有人會問士大夫又不親實務，其所說是否可行？其實，耕讀傳家是中國的常態，士大夫在家鄉時，其父輩往往是耕種的農家，所以其幼年時亦深諗種田之事，子孫之中有人成爲士大夫而治農書之時，雖然大半的佃農爲長工在種田，執筆者仍有親身觀察的經驗，記錄下來，務使農莊的生產有比較好的產量。美國早期所謂紳士農夫，如華盛頓、傑佛生一類人物，也與此相仿，以在地地主的經驗撰寫農書，甚至創辦四健會及農業學校。中國傳統的士大夫認爲他們有義務推廣他們蒐集得來的經驗，遂有編寫及傳布農書之舉。總而言之，農學是一個實踐的學科，也是靠累積的經驗，爲了實用的目的而作出來的。

以上所談到的五大系統，幾乎都是在實用價值的層次上，只有「天文」這一環屬於另外一個層次，稍後再提。除了上述的五類學科之外，其他還有工藝、紡織、建築、冶煉各方面。李約瑟曾列舉了二十項成就，作爲中國科技在科技史上的貢獻。今天我也不擬討論這些細節。

今天我所要討論的，主要是在天文和數學這兩方面。中國的數學主要是以算籌來排列作算術，很早就出現十進位制，但也同時另有十二進位及四進位制。十二進位在商朝時已與十進位制並行不悖，於是干支相合以六十進位的計算單位，至於四進位制計量單位，則在春秋時代常常見之。秦漢以後，十進位制就顯然成爲計量的主流了，中國數碼中雖不見「零」號，可是「零」的觀念早已存在，在籌算中通常以一片空位來表示零的觀念。由此可知，中國的數學是建立在一個很合理的基礎之上。雖然中國古代的數學不是以筆算，而是以籌算，但實際上與今天的數學尺度是一樣的。第一部在中國傳世的數學書叫做〔九章算術〕全是爲了實用，項目包括：方田、粟米、少廣、商功、均輸、盈不足、方程、勾股，從這九個章節來看（除了勾股與方程兩章與天文比較有關），大多與我們的日常生活相關。〔九章算術〕在中國的數學史上佔有一極重要的地位，後世許多數學家不再寫書，而只是爲〔九章算術〕作註疏，註疏往往可以擴大到與原來未包括的範圍。宋朝的秦九韶就以方程爲基礎，發展到多次的聯立方程式。雖然〔九章算術〕基本上是一應用數學，卻也是中國所有算術的根本，然也可以反映出中國的算術傳統仍是實用意義遠超過理論意義。

大家都知道，祖沖之的π（圓周率）值，是古代最精密的數值。祖氏π的數值較歐洲比起來早了上千年，其精密度也很高；但祖沖之並不是第一個算π值的，劉徽就已經創始圓內接六角形的邊一次一次地加，以更接近圓周率的作法，這種方法非常方便且精確，祖沖之把劉徽這種方法衍生下去，六邊形變成十二邊形，十二邊形變成二十四邊形，一直繼續擴大到一百三十餘次。從這裏可以看出他爲計算π值，要計算出多少工作。換言之，中國的數學總是以最現實的方法，踏踏實實一步一步地計算。唐朝已有了十部的「算經」，這十部歷代累積下來的數學知識成了當時國立大學的數學教科書，通常學生要通一經需要幾年的工夫，並且要將「算經」中的雜題，一則一則地算。十部經大約有三千多個題目，沒有所謂推演、定理或公理，全部都是實實在在的題目。當時訓練數學家的方式不管抽象思考，只管計算，通過這些訓練的學生就成爲算學博士，但算學博士的地位在所有官吏中最低，待遇也最差。籌算之士不能進入知識分子的階層，不過與醫師技工一般。這也可以說明隋唐五代，中國的數學工作並不是操之在知識分子手裏，而其發展則是以實用爲目的。

真正的突破要到宋朝時候，宋元之際有數學四大家：秦九韶、李治、楊輝、朱世傑，他們所作的數學不再只是計算的範疇，而進入了理論階段，同時也突破了籌算，而有了筆算。基本上，他們發展的數學是高等代數，並以「天元數」、「十元數」爲其方法。同時也從〔九章算術〕中的「堆寶塔」方式算出等差級數，由此發展級數的觀念；也從〔九章算術〕的觀念，發展出「數」位。說起來這些數學家十分了不起，他們把中國的數學實務的計算，提昇到純理論。到了明代又是一個退步的時代，當時有很多的商用數學，可是並不討論公式，卻只介紹計算法——背口訣及珠算。方便的口訣易使人們產生依賴心理，終於，高度發達的數學傳統中斷，大多數人不再懂算學，一直要等到利瑪竇和耶穌會傳敎士才引入了那時歐洲的數學。當新的數學帶入了中國之後，刺激了中國頭一等的數學家，其中有一些守舊派認爲寧可中國不要有數學，不可以用西洋人的數學，另有一派則主張全盤西化論，後者的代表有徐光啟、李之藻等人，他們認爲傳統數學不管用，應該全盤接受洋數學，包括歐幾里得的幾何學。二者之間則有折中派，代表人物如王錫蘭、梅文鼎等人，他們把中國傳統數學與西方數學比較，認爲兩者不但相通而且可以互相傳寫，這些人可以說是中國數學復興運動的人。

上次我提到中國小型科學革命卽指這些人物，至於其未能繼長增高的原因，我們待會兒再說。

再談到天文的部分。〔尚書〕是一部古代記錄的集合，包括公文、演講集、文告等等。有許多地方提到天文人事之間的關係。我國處於北半球溫帶地區，農作物要豐收就要靠季候風帶來的雨，季候雨直接地關係到農業生產，因此，中國對天象的觀測，可以說完全是爲了農事之需求。中國人不僅觀測日和月，也觀測許多恒星，在商代的甲骨文中已有了大火星的記載。不但〔尚書〕，許多中國古籍都有天文氣象的記錄。有些恒星的位置及時間都曾經過長期的觀測，中國天文觀測並不是爲了吉祥或天象示警而已，也是爲了實際的需要。最後，所有天文的資料，總結而爲曆法。中國的曆法是太陽年與太陰月的配合，亦卽同時要考慮太陽和月亮，情形比較複雜，而且不僅是算日、月的位置，還要算五個行星相互間的位置，又以五個行星的位置來計算地球在整個太陽系中的相對位置。這還不够，因爲地軸是斜的，所以還有觀測計算一些較大恒星的位置以確定地球的位置。而要考慮這麼多的原因，不僅是爲了編製實用的曆法，也是爲了中國人的宇宙觀。中國人總認爲宇宙秩序有條有理。時間由「零」點開始，而宇宙的結構是一層層的同心圓，日月星辰由同一點開始運轉，這一俄頃卽天地的起源，宇宙的起點。據漢朝時計算，由三統曆宇宙運轉的「起跑點」，一個大週期歷時二千三百六十三萬九千四十年。中國的天文一直假定整個宇宙運轉是同步的，中國的宇宙論中，其內沒有上帝，但有宇宙的起源，有宇宙整體配合的觀念。

中國的星象圖發展的很早，且較西方進步，不過，中國自古卽有地球中心說的思想，如蓋天論、渾天說等理論卽根據此發展出來的；而以太陽爲中心的觀念，要等到耶穌會敎士傳入西方的天文知識才有。再談到迷信，固然中國和其他國家一樣，有很長久的迷信傳統，但知識分子大多抱持理性態度的長久傳統。照理說，中國應可發展理性的科學，但爲什麼沒有呢？第一，各科目都只侷限在一個範圍，甚至數學除了實用的計算和用於天文之外，並沒有再應用於其他方面；第二，中國的知識分子從事科學活動的，大部分在政府中任職，他們有自己的任務，沒有餘力和時間注意到其他方面；第三，中國的科學也沒有和工藝結合，兩者之間沒有回饋的作用。比較起來，英國皇家學會的人員和當時的工藝人員（亦卽工匠）則有相當密切的聯繫，這一特別的現象，恐怕是後來英國產生工業革命的一個相當重要因素。

中國的科學發展到魏晉南北朝時代，由橫的來看，有前述劉徽、祖沖之的數學，有葛洪、陶弘景的煉丹學。此時還有賈思勰的〔齊民要術〕是很好的農書，有最早的水道地理〔水經注〕。在那個時代，不僅是天文曆算，所有的科目都有很活潑的發展。宋元的時候，不僅有優秀的數學家，還有製作水鐘的蘇綍，及科學觀察家沈括。我們還可以列舉出一大堆名字。

正如中國古典時期——春秋戰國時代、魏晉南北朝及宋元時代都是分裂的時代。（也許各位認爲宋代是個大一統的時代，其實並不是，宋代還有好幾個外族與之抗衡並存。）以上所談的三個時代，不僅政治上是個分裂的時代，而且都是思想上變動極大的時代。春秋戰國的百家爭鳴，這不必細說；魏晉南北朝時，佛、道、儒三家爭辯，玄學與正宗儒學的爭辯，各式各樣的爭辯同時發生，沒有一家可以號稱爲正統的。宋元之際，宋代本身諸儒的爭辯，還有道家本身出現新的教派參與爭辯，再加上外國進入的回教、基督教的參與，所以宋元之時，實是思想活潑的時代，亦很難說它有一個學術的正統。

我的結論是中國的科學，卽使是實用的科學，其萌芽固在任何時都可以發生，但是最燦爛的時代，是思想上不歸於一，政治上不歸於一的時代。這時最容易因競爭而開花結果。另一方面，工藝的發展則屬另一模式。中國工藝的成就，總結地說，需有一個大有力的政府，掌握大量的資源，給予工匠幾乎是無限的支援與長期的時間去發展。所以古代工藝的發展，往往在中國國力最高峯的時代，就是大一統的時代，也是政府力量最強、國家最富庶的時候。宋元以後的近古中國情形又有變動。由宋至明，中國的經濟有了新的發展，城市化與商業化，這兩個運動使得中國經濟進入了嶄新的形態，於是工藝變成民間的工藝，不再是官家的了。漢朝最好的工匠是屬於官府的，最好的工藝品（如漆器）皆是由官府所造；而宋代的名磁則爲民間的工匠所造。大規模的冶煉亦在民間。所以宋元以後的工藝發展不依靠一個大有爲政府的支持。宋元以後的工藝呈直線的發展，在數量上、質地上都有改進，一直到清朝中葉未停頓過向上走的趨勢。反之，因爲明清兩代是極端專制的時代，尤其是清初，壓迫精神及知識的活動無所不用其極，於是整個科學的發展就遲滯停止了。如果十七世紀的中國小型科學革命能够繼長增高，我想中國的科學發展可以和歐洲齊頭並進。中國失敗的主要原因，並不是沒有經濟基礎，工藝既可以由民間得到支助，科學亦應當可以得到支助。科學家大多也是知識分子，明代的知識分子不僅是靠種田生活，有很多也靠工商業過日子。可是，明朝的政府太專制，清朝的政府更加專制，遂將精神的活動完全抹煞了。於是，明清的工藝一直直線向上，而科學的進展都停頓了，代替的是考證的史學及內觀的形而上學。

第九講　未來科技世界中的新知識分子

今天的討論要將前面講的過去幾千年的發展，延伸到現在以及未來，讓我先借尼爾森(Benjamin Nelson）的觀念作開場白。尼爾森說我們目前有六個「革命」正在進行中。第一個是科學技術方面的革命，這當然不用講，我們都知道近代科技的進展。第二個是由第一個革命延伸出去的，是空間、時間觀念的一個大革命。現在我們衡量事情，往往是以時間來衡量了，例如從這裏到那裏要經過十二個小時的飛行，或經過三小時的車程，不再用距離來表示，只是用時間來計算，這個觀念上的改變是前所未有的。

第三個革命是理性觀念及量度單位的革命，意思是說，由於我們科技方面的改進以後，我們量度東西常常用純理性的工具，如函數（function）等，以此來量度事理、衡量觀念，而不再用個別的單位。同時，科學的單位，本身是不牽涉國界的，也不牽涉到文化意義的。

第四個是社會型態的革命，意思是指社會本身的面貌跟過去不同了。所謂社會型態則是指人羣對羣體的關注，經過人羣的接觸，使大家對羣體的了解有更深一層的認識。以前在一個人羣中間不能感覺另一個人羣的存在，舉個例子講，我是江蘇人，住在江蘇無錫縣，這地區都是江蘇無錫人，我一點都不覺得有什麼與眾不同，也不自覺自己有什麼不對，如果我遷去別處，感覺卽刻不同了。這個時候小羣（亦卽次羣）就會感覺到自己的存在，而且感覺到他所屬的次羣與主羣之間的差異，或者是本身次羣與另一個次羣之間的差異。日常生活中的次羣，表現爲籍貫、方言以及職業羣乃至於社會階級，這些都是過去不太容易察覺的。

緊接著這個大的改變，是意念上的需求。大家都要求在社會上享有同樣的地位，在資源分配上享有同樣的一份，也要求現在就享有大家所共有的東西，站在平等的地位上。當然我們了解，這是美國人尼爾森所說的新現象，他自然根據美國社會的女權運動、少數民族的運動等問題爲基礎來立論。在美國以外的世界，稍微不顯著；但是如果我們細心比較，這些現象並非不存在，只是美國比較顯著，但其他地方也一樣有此現象。

剛剛提到次羣自覺性以及個人的要求，雖然看上去多多少少是意念的結果，可是這些意念實際上也是和第二個革命（空間與時間觀念的革命）完全聯繫在一起的，原因在與其他人羣的接觸，由於交通的、傳播工具的方便，以及一般知識的廣播，使得我們不再覺得羣與羣界的隔離。

第六個最要緊的變化是自覺和良心的新肯定。這兩個觀念結合在一起，在結構上就有了重大的改變，何以會如此呢？基本上他們指的是宗教上的改變，宗教體系中價值的改變。「良心」和「自覺」在英文中是兩個個別的名詞，在中文則只用「良知」一詞卽能表示，「良知」包括自覺與責任，也就是自己對責任的了解，對自己的良心和存在都有了解，所以「良知」這個字可以代表英文 Conscience 及 Consciousness 的雙層意義。這六個改變，基本上顯示今天所有主要的宗教體系以及主要宗教體系所代表的文化，面臨著一個很嚴重的課題。

從尼爾森所說的這六個改變，我個人將之歸納成爲兩個現象。第一個是一般化與普遍化 (Universalization)。許多標準與許多尺度都已成爲現今大家所共有的，如科學的本身不牽涉到我們個人本身的文化背景和情感好惡。合理化與普遍化結合在一起，這是今天以科學和技術爲主導文化的主要特質，而新的科技文化將無法對新的信仰有所助益，並和以往長期存留的許多文化體系發生接觸、衝突。過去的文化體系和文化體系之間常有接觸，也因接觸而常有衝突，然而過去轉換的方向與動能都不如這次嚴重。這次的轉變雖然是由以猶太基督教爲主流之西方文明爲主所產生的科技革命，可是其影響普及到全世界各個文化，動力極強大，涵蓋範圍極廣。歷史上文化轉變的例子，無論是中國文化的接受佛教，或者近代非基督教的文明在與西方接觸的過程中間接受基督教，或者日本的接受中國文化，其轉換過程並不是一個整套換到另一個整套，轉換過程中有若干修正，轉換內容並不轉換基本結構。譬如我們的文化傳到日本，日本就放棄了其傳統文化的一部分，甚至是相當大的一部分，而接收中國文化。基本上，轉換過的文化，以修正的面貌，繼續下去。我們假定常態是如此。這種常態不論是佛教、回教、儒家修正後的文化，大體是持久的、穩定的。在正常狀態下，它應該是連續的。

現在新的科技文明引起了一連串六種變化，等到這六種轉變結束之後，一個新的世紀也出現了。新的文化中，「變將是常態，而不變是非常態」。原因是雖然我們已經捨棄了「一切的改變都是進步」的觀念，但是科學本身主要的屬性是繼續不斷地追尋，追求「未知」。人將永遠追尋，永遠要開拓一個新的境界，永遠擴大、改變其內容。因此新的文明造成的面貌，「變」是不可免的。我們的研究工作，更是追尋變，於是，我們必須嚴肅的討論以變爲常態時，有沒有「穩定性」和「連續性」。上一代的物理學家和下一代的物理學家在方法上和訓練是連續的，可是下一代在解釋物理名詞和尋找物理現象可以說和上一代完全不一樣。這些變化會不會造成缺乏穩定和持續的難題呢？

從負面上看，歷史上的幾個大文化體系假如不是完全被取代了，也至少都面臨嚴重的問號。因為過去每一個文化，它的根源所在都是在文化初現時，「突破」階段所締造。那時提出了一些根本的假設，而這些假定在該文化的後果發展中，始終是該文化的基礎，猶如幾何學的「公理」一般。這些「公理」，例如神本身的存在，以及天道本身的不變性，在今天科學文化中，都面臨到一個不能證實的困境，而科學的屬性是需要被證驗的，不管它是用實驗，或論證。用科學是可證驗的屬性來核對過去幾個大文明的根本性質的時候，這些根本性質都有過不了「關」的困難。

歷史上幾個大文明體系的主要貢獻是在人文方面，在確定社會秩序與行為的規範。他們本身動搖的時候，新的科技文明以什麼代替它，以什麼來重建？這是我們目前嚴重的工作。從正面來看，科技文明也可取消一些負面的負擔，例如人羣與人羣之間的界限，如國家，如種族。原因是什麼呢？第一科學本身的諸種屬性中包括普及性。第二科學的屬性中包括「合理的需求」，從這兩屬性，我們可消除人為界限所產生的偏見，假如我們由這兩個屬性的發展，應當也可以發展出另外一個系列的人文與社會的價值，做人們行為的規範，維持社會的秩序。但是否能夠完全做到？則端賴我們以「自覺」、「良心」加以推演。這是我們必須著手進行的工作。

新文化體系，還應當從舊文化的體系中選擷。雖然這幾個文化體系都是從「神」或者「道」的基本假定中抽演，抽演的過程終究是功能性的，爲了要社會的安寧，抽演出一些價値，一方面爲了個人與個人之間求共存，一方面又要充分發揮每個人個別的資源及潛能，所以這些大文化雖然給個人一些活動上的規範，同時仍給予個人發揮的餘地。大家常聽到的比喻：三個刺蝟靠得太近就扎了，太遠則太冷，所以不遠不近剛好，所有的文化體系規範和社會個人行爲的範圍都是力求在寬與緊之間，尋求平衡。

過去社會規範是實際的需求，由實際的需求，才有規範，而又以天道、人道及神的意旨作爲詮釋。假如我們從新的科技文明的角度上看，從新的公理（普遍化、合理化）我們一樣可以進行功能性的抽演，由功能界定人與人之間的關係，等到我們找到新的界定與規劃之後，在我個人初步的思考，目前仍存在的文化體系與新文化體系在基本上是可以融合的，尙不致有很嚴重的衝突。換言之，這個轉變過程完成時舊文化並不必完全垮臺，只要重新適應，我們一樣可以將新的文明，接續過去的文化。

從這一角度來說，新的文明並不是如何的與過去斷裂。不過我們要了解，我們要做的工作，是在新的文明基礎上，與舊日文化的轉接。然而爲什麼非要從舊的轉接而不從新的上面來延伸呢？這是習慣問題。至少像我們年過半百的人，我還有一套習慣、想法不大能够隨便亂扔，一扔的話，我就恐慌，甚至不知道該怎麼辦？所以這裏提到轉接，一方面可以從舊的轉接不是全不可能，另一方面在精神方面也是承新啟後，不致有文明斷裂的「遺忘症」。

我們上述的六個革命，的確會導致破滅與崩解，崩解之中卻有新的突破種子的存在，應用這些新的種子造成新的突破將是我們的此後二、三代的任務。我覺得此次突破將不會像過去維持八百年那麼長的時代。大概數十年內卽可完成新的文化突破。今天世界上生存的人，包括我和各位大家，都必須全力的挑起一個擔子。

第二個問題要討論新的知識分子。過去的幾個大文明的知識分子，在最早階段基本上有三種形態，一種是祭師型，一種是官員型，一種是律師、醫生型；我所謂律師、醫生型指的是知識是有價的商品，他們以出售知識來維持生活及社會地位。每一個古代傳統文明，在這三種形態下，都有偏輕偏重的地方，在西歐偏重在知識可以出售的形態，中國偏重在官員型，印度則偏重在祭師型。等到新的科技文明出現後，知識分子會是這三個的哪一類呢？那當然比較接近的是第三類「律師醫生型」這種類型，但也並不完全一樣。而且知識的服務及知識的價值，都未能直接的交付給一般大眾。這一羣知識分子，雖然都以知識出售作爲主要性格，其資源的來路及去路，則是制度性的組織。知識成爲一種相當龐大的力量，爲人間創造了不少新的資源。因此這些新知識分子在科技的前線上繼續不斷做推進的工作的人，也扮演了類似官員型的與祭師型知識分子的角色，以其知識爲大眾工作。於是將來新類型的知識分子是過去三種類型的合併，具有以前三個類型共同的弱點——非依賴於團體或組織不可。在西歐十五至十六世紀以迄現在，知識分子基本上相當的獨立；在過去，中國士大夫假如不做官的話也相當的獨立。將來的新知識分子卻未必有獨立的地位。因爲將來的新知識分子要依靠一些相當昂貴的設備，依靠一個龐大的團隊合作，他們不能離羣獨居。至於像舊式的知識分子，如猶太先知、印度高僧或中國高士般地自由更屬不可能。這兩種性格：一個是對羣體本身的附屬性，第二是被僱用與被豢養的特性加在一起，使新知識分子很可能完全失去了他應該有的獨立性，也很可能每一個人變得沒有自覺、欠缺良知。由於分工現象的繼續加深，羣體裏面的分化，使每一個人的轉換職業都極爲困難，每個人都被束縛在他的工作崗位上或職務上終老其身。這些都使得新知識分子失去了在社會上、爲先鋒隊的特性。

一個文化的突破，要靠知識分子。一個文化之給予新定義，也是依仗知識分子。假如在新的科技文明裏，缺少一羣有獨立地位的人去尋找新的意義，則突破終難出現。以往在商周時代，有一羣祭師型的知識分子在改朝換代之際失業了。在兩河流域有一羣知識分子在政權易手時離開廟堂，這些人遂得從事新的思考。山窮水盡，柳暗花明，他們居然在困境中打出新的出路，並開拓了新文化。在目前科學發展的過程中間，似乎沒有一羣游離的知識分子。

我們難以想像有一部分知識分子能擺脫職業的牽絆，離開實驗室，離開同僚，而還能做思考的工作。我個人認爲，必須由知識分子在心智上自求解放，以其良知良能爲文明的突破而努力。

在座大多數是將來的科學家，我誠懇地希望剛剛說過的這些話，在各位心裏能留下一點小小的種子，不要丟開你的良知良能！要在你的專業之外，自覺到你是新的信仰之祭師，是新的王國的官員，你們要做的工作不僅解放自己，也須由自我釋放而幫助別人開拓自由的心智。

新的專業跟過去的不一樣，要靠自動自發的尋覓，方能發現其意義。過去的專業都有保守的特性。知識分子的工作是保存或傳授已有的知識。祭師們尤其最顯著地具有保守性格。而在新的專業中，因爲變是常態，所以知識分子應當具有新的性格，那就是永遠準備自我批判、自我修正。但是應該由誰來做保存的傳授工作呢？每一代在傳授的過程中，傳授精神、傳授方法，而不是傳授知識，使得下一代根據同樣的方法做新的方法、新的發現以拓展其知識領域，但不是保守知識本身。根據傳遞的精神，保持其良知良能，使得他們能做新文明的繼承者。在這種形態之下，我們也許能看到的世界確實是「美麗新世界」(Brave New World)，不是小說上諷刺的新世界，而是眞的新世界。在這美麗新世界中，我想國界、文明的界限都會消失，宗教之間的界限也當消失。事實上在今天大家已在尋找人類共有的心態，這種準備工作在今天就應該開始，而到了那個時候，因愚昧而起的衝突會減到最低度，因貧乏而產生的困擾也會減到最低度。我們基本上是在另一次文化突破的邊緣上。歷史上第一次突破是在西元前一千年到八百年左右，也就是孔子、耶穌那個時候。現在第二次突破必須有所準備！有決心將未來由自己掌握。我屢次說，你不做決定本身就是一個決定。假如我們不做決定，我們將會看到什麼呢？看到的是冷酷、沒有良知的國家機器，以及機械化的社會。在這裏面活人會淪亡，因爲活人已不會思考了。我們能贏或輸，還是靠我們自己的決定。今天我們談的不是過去的知識，而是我自己的一些感受，是由過去的歷史經驗延伸出來，而產生對新時代的展望。這應該是大家都關懷的事情，而不只是我一個人關心。

附　錄

論雅斯培樞軸時代的背景

雅斯培（Karl Jaspers, 1883-1969）是存在主義哲學家。他的學術工作，是由心理分析轉入哲學，最後則專注於思考文化的演變與未來，希望經由世界哲學來促進世界文化的呈現。他認為人的存在，不僅是存在而已，而且是人對存在意義有選擇與界定的自由。哲學不但在於認定人能思考，能存在，而且哲學的關懷集中於「人的存在是文化實體的中心」。雅斯培對歷史的討論，主要重點在其著作〔歷史的起源與目的〕（*The Origin and Goal of History*）一書中①。

① 德文原書 *Vom Ursprung und zeil der Geschichte* 在一九四九年出版。本文所用則是英譯本 *The Origin and Goal of History*, New Haven: Yale University Press, 1953。第三版一九六五年。

雅斯培認爲在西元前八〇〇年至西元前二〇〇年間，幾個古代文明都有人提出系統性的思考，爲人類何去何從以及是非善惡問題，賦予了普遍性的意義。這個時代，雅氏稱之爲有了第一次突破的樞軸時代（Axial Age）。史學工作者對於雅斯培提出的問題，曾有一次集體的討論。在一九七三年，十餘位史學家在威尼斯集會，討論歷史上第一次重要的超越。討論結果刊登於 *Daedalus* ②。最近，社會學家艾森斯塔（Shmuel, N. Eisensdat）邀集了古代史、思想史、哲學與宗教專家在德國（一九八三年元月）與以色列（一九八三年底及一九八四年首），集體討論樞軸時代的觀念。其實早在一九八二年底，考古學及古代史的十餘位同人，聚在美國新墨西哥州討論古代文化崩解及轉型的問題時，艾氏已提出雅斯培樞軸時代的觀念。會後，艾氏又召集了上述兩次討論會。數年來討論的幾個中心問題，基本上包括雅斯培所沒有談到的具體問題，例如第一次突破後「道統」（orthodoxy）與「法統」（legitimacy）的關係、正統的分化與轉變，以及知識分子在各階層擔任的角色。本文的主題則集中在第一次突破前的條件。以中國古代文化發展的脈絡，來檢證其他主要古代文化的發展軌跡。比較研究，並不是劃等號；因此，我們不必引喩失義，卻需從大節目上著眼。

最近一百餘年，西方史學界總有尋找普遍性歷史規律的嘗試。上一個世紀有黑格爾的唯

② *Wisdom, Revelation and Doubt: Perspective on the First Millemiun B. C. Deadalus*, Spring 1975.

心史觀與馬克思的唯物史觀，兩者都著眼在歷史的辯證性發展。黑格爾把歷史的規律歸依於精神，馬克思則歸之於經濟生活。但是他們兩人均認爲歷史發展的每一個階段，都種下了自我毀朽的因，遂導致由下一階段取而代之的果。第一次世界大戰結束後，史賓格勒所著〔西方的沒落〕，又進一步將人類文化比擬爲有機體，以爲每一個文化都必然經歷生老病死的過程③。第二次世界大戰後，湯恩比的〔歷史研究〕，在史氏命定論的有機演變過程上，加了若干人類的自由意志。他的挑戰與反應的理論，至少承認人類在相當程度上塑造了自己演變的過程④。由黑格爾到湯恩比，歷史的必然性已經減低了不少。然而，卽使在湯恩比筆下，人類的歷史似乎還是一個實體存在於人類個別成員以外的實體。

歷史是什麼？歷史是我們對於過去的知識。是我們取捨整理對我們有意義的事件，以我們自己的認識加以貫串，用我們能夠理解的邏輯，組織爲一個對於過去的解釋。因此，歷史的解釋不能避免記述者自己視角的影響。我們遂不能不承認，歷史的「眞」只是由某一角度觀察的「眞」，然而這個「眞」，仍是在全體的「眞」之中，反映全體的一個片面。以上所

---

③ Oswald Spengler, *Decline of the West*, New York: Knopf 1939.

④ Annold Toynbee and Daisaku Ikeda, *The Toynbee-Ikeda Dialogue: Man Himself must Choose*. New York: Haper and Raw, 1976.

述，還只是以今之視古，屬於歷史學的記述及解釋。若從歷史事件來說，對於今人，是古之爲古；對於古人則是今之爲今。當時當世，歷史的變化是許多個人抉擇的總和。歷史譬如巨輪，當時在世的無數個人，或推之，或挽之，或左之，或右之，擾擾攘攘，把巨輪推到一個位置，也給巨輪一個速度。這些無數個別的行動者，我們以「古人」一詞來代表，在作其推挽左右的抉擇時，又都已在一定的定位，由其特定時空的過去決定的定位。對於這些古人，他們的抉擇是有其確切的意義。這個特定時空的條件卽是這些古人的歷史；而其所見所知的歷史卽是決定其所作所爲的意義。因此，對於特定時空的「古人」，歷史有其特定的意義。所以，歷史不但是記述者——「今人」——所具視角的「眞」，同時也是參與歷史的人——「古人」——所具視角的「眞」。

然則「古人」是否有意識地認知自己的歷史呢？雅斯培認爲只有在某些人類文化中，「古人」曾有意識地認知歷史的意義。他歸納了若干古代文明的演變，指出在西元前第六世紀前後，中國的孔子、印度的佛陀、波斯的瑣羅亞士德、猶太的以賽亞，以及希臘的畢達哥拉斯諸賢，幾乎同時現身。他稱這個時代爲歷史上的樞軸時代（Axial Age）。在這幾個地區，中國、印度、波斯至希臘間的中東，人類的文化進入了文明，由此分化衍生，遂有後世的各種個別文明。第六世紀前後的第一次突破，是人類歷史的重要轉機，故名之爲歷史的樞軸。在此之前，各處人類皆有史前時代，人羣不過渾渾噩噩地度日，生老病死，全無意義，人之異於禽獸，只在於人掌握了用火的能力，因此雅斯培稱史前時代爲普羅米修士的時代；接著，在西元前五〇〇〇年左右，有一些地區的人類發展了農業、文字，及國家，這是古代文化的時代，但是他認爲，有若干古代文化，例如埃及文化卻始終沒有完成第一次的突破，而發展樞軸時代的文明。各個樞軸文明，在近世逐漸合流爲近代的科技文明，雅斯培稱這科技文明爲第二次普羅米修斯的時代，人類又掌握了更多更複雜的謀生手段，但是人類還沒有找到新的歷史意義。第二次的突破，還有待於人類再一次的努力⑤。

雅斯培曾討論到由史前時代轉變到古代文化間，究竟有些什麼徵象呢？他舉出文字的發明是古代文化的共同特徵。誠然，幾個古代文化都有了文字，但是至少三個文化幾乎同時進入樞軸時代；卻又有什麼條件呢？雅斯培以爲不能單用演化論來說明，因爲幾個古代文化中，只有中國、中東及印度三處有樞軸時代的文化，他也不認爲同源傳佈論可以有力的解釋這個歷史現象。因爲上述三處的民族不同，文化淵源也迥異。他曾引用韋伯(Alfred Weber)的觀察，以爲當時有一羣能驅車乘馬的民族，由中亞分別進入上述幾個地區，而造成了一番

⑤ Karl Jaspers, *The Origin and Goal of History*. New Haven: Yale University Press, 1965. 尤其 pp. 28–50, 126–140.

刺激。雅斯培本人卻不認爲這種單一原因的解釋足以說明如此複雜的文化轉變⑥。然而，他仍歸結了五項大事，認爲是若干人類文化進入樞軸時代的徵象。

㈠有了權力集中及文官系統的國家組織，使大河流域有了灌溉工程。

㈡有了文字，遂有了一羣知識分子，成爲行政機構不可或缺的人員。

㈢有了自羣意識，認爲自羣有共同的語言、共同的文化，及共同的生活背景。

㈣古代文化的後期，有了領土廣袤的大帝國。

㈤有了車馬，人類征戰與交通的距離擴大。

至於樞軸時代本身的特點，雅斯培列舉了三點重要的發展：

㈠人不再只是爲了活著而生活，人有了意識與反省，這是人類精神上的進展。

㈡人以理性的能力發展工藝與技術，擺脫環境的約束與限制，以求生存。

㈢社會上有了信服的對象，或爲統治分子，或爲聖賢型的精神指導者，人因此有所景從，不致於沒有自覺與恐懼惡魔而找不到目標。

這三項發展導致歷史的意識。幾個樞軸時代的文化，遂有了各自的特色及此後發展的方向⑦。

---

⑥ Karl Jaspers, 1965. pp. 11-18.
⑦ Karl Jaspers, 1965. pp. 44-45.

究竟什麼條件激發了第一次的突破？魏爾（Eric Weil）認爲人類歷史有多次突破，而每一次突破之前先要有一次崩壞⑧。魏爾的觀念，頗似「窮則變，變則通」的想法。不過崩壞往往意味比困境更激劇地惡化，以致原有秩序全面地垮下來。細察幾個樞軸文化的歷史過程，以中國而言，殷周之際是一個大變局，以子姓諸族爲主體的商王國，文化雖高，卻不能凝聚他族，終於在周人的挑戰下覆亡。周人以蕞爾小邦，君臨中國，建立了一套嶄新的制度，不僅開八百年的周代，而且凝聚華夏諸族，鑄成中國文化的主體。這是一個大崩壞之後的新局面⑨。平王東遷，王綱不振，禮壞樂崩，列國擾攘，春秋戰國時期，長達五百餘年，中國又經歷了脫胎換骨的過程，這是另一次崩解之後的新局面。舉凡社會、經濟、政治、觀念等各方面都經歷了極大的變化⑩。這兩次崩壞之後的新秩序，哪一次可算是「第一次突破」呢？容在下文再討論。但以魏爾的理論來說，中國的歷史頗可合轍。

以色列人的古猶太教，耶和華的信仰在摩西十誡立下之後始有神學系統。出埃及一事，⑪是新秩序的建立，但以色列人在埃及時說不上有什麼舊日的秩序，更談不上舊秩序的崩壞

---

⑧ Eric Weil "What is a Breakthrough in History?" *Daedalus*, Spring, 1975. pp. 25-27.

⑨ 許倬雲，〔西周史〕，臺北：聯經出版事業公司，一九八四年，頁六四—九六。

⑩ cho-yun Hsu, *Ancient China in Transition*, Stanford: Stanford University Press, 1965.

了。逮及以色列人分裂爲南北兩王國，又先後爲新巴比倫王國及波斯帝國所征服。以色列人分散四處，耶和華的一神觀念，遂由部族神轉化爲普世的唯一眞主。以色列人在顚沛流離中，爲了解決自己信仰的困境，卻替全人類的宗敎觀念開創了一個全新的境界，使後世的基督敎與回敎都有了繼長增高的基礎⑪。以色列文化的大轉變發生於宗社覆亡、人民離散之際，自然可以符合魏爾「窮則變，變則通」的假設。魏爾身爲猶太人，對此特別有所感受，其理論大致也是由以色列文化的歷史啟示而觸發。

但是若以魏爾的理論觀察希臘文化及印度文化的轉變過程，則所謂崩解即在若有若無之間。印度河流域的哈拉本文化，文物燦然，與兩河流域有相當的關係。其文化水平，較之中國的商代及尼羅河流域的古埃及文化，也不算十分遜色。這個古文化，今天只能在其頹垣殘壁之間，由考古學家重建其大致輪廓。哈拉本文化雖有文字，然至今尚未能通讀。在印度次大陸出現的樞軸文化，是雅利安人在恒河流域逐步發展出來的另一種文化，但雅利安文化與哈拉本文化之間的承襲關係不甚明顯。迄於最近，印度史家一般認爲雅利安人將印度河流域的古代文化摧殘殆盡，無所孑遺。近來雖然此說頗有修正，有人以爲印度河域古代文化的痕

⑪ V. Nikipkowetzky, "Ethical Monotheism", *Daedalus*, Spring 1975. p. 69以下，尤其頁八一—八五；關於古代猶太敎的歷史，參看 Julius Guttmann, *Philosophies of Judaism*, tr. by R. J. Z. Silverman New York: Schochen, 1973.

跡，仍保存在土著文化的底層，然而其痕跡若隱若現，至多在疑似之間。雅利安人梵文文化終究是一個新節的文化。因此，如以魏爾的理論來說，梵文文化雖是突破，前面的崩壞之局卻未必與後面的突破有直接的關係。至於佛教文化的出現，可算是一大突破，但其時梵文並未有全面崩壞的情勢，則崩壞導致突破的說法，在印度的歷史來說，未必站得住⑫。

希臘本身的歷史上，更沒有所謂崩解的時期了。希臘人由小亞細亞的城邦開始，承襲了地中海的邁錫尼文化與亞洲大陸的兩河文化，終於發展爲光彩奪目的古代希臘文化。波斯帝國擴張時，希臘人深受威脅，憂患興邦，促成了伯里克里斯時代的燦然文化。這是突破，前此卻未有破壞⑬。

魏爾的崩潰理論，能適用於中國及以色列的歷史，而不能適用於印度與希臘的古代歷

⑫ Romila Thapar, "Ethics, Religion, and Social Protest in First Millennium B.C. in North India," *Daedalus*, Spring 1975. p. 119. 以下，尤其頁一二〇—一二四；關於印度古代文化的歷史，參看 Romila Thapar, *A History of India*. Volume I. Baltimose: Penquin, 1966. pp. 15-49. p. 381以下，或Bridget, Allehin and Raymond Allchin, *The Birth of Indian Civilization-India and Pakistan before 500 B.C.* Baltimore: Penquin, 1968, p. 365 以下。

⑬ J.B. Bury and Russel Meiggr, *A History of Greece*, 4th edition, New York: St. Martin, 1975. Eimily Vermeule, *Greece in the Bronze Age*, Chicago: University of Chicago Press, 1964. A.M. Snodgrass, *The Dark Age of Greece*. Edingburgh: Edingburgh University Press, 1971; William Taylour, *The Mycenaeans*. New York: Praeger, 1964.

史。因此崩解理論的價值不高，我們必須另找其他的條件，以說明突破的出現。在本文前節已列雅斯培指出古代文化突破前的五點特徵。其中灌溉農業與國家之間的關係，當是根據魏復古（Wittfogel）的水利工程理論而來⑭。此說已普遍地爲學者所懷疑。麥克亞當（Robert McAdams）以兩河的水利工程與王權的關係，巴澤（Karl Butzer）以埃及的歷史，艾伯華（Wilfram Eberhard）以中國的水利發展過程，分別查驗此說，都發現王權與大規模水利系統的發展，並無魏復古所說的相關性，是以此說可以不再具論⑮。青銅武器的出現則與國家的形成頗有關係，有了青銅武器，武裝不再是普遍平民人人可得，統治者即掌握了凌駕平民的優勢。農業生產雖然在新石器時代即已有之，國家和機構的出現，無疑可以將農業生產的成品，以稅賦的方式，集中爲極大的儲積。於是，統治階層得以掌握大量的積蓄資源，以維持軍隊及祝宗卜史與工藝人員。車馬的出現，一方面加強了軍隊的戰力，另一方面也改進了運輸蓄積資源的能力。兩者對於國家權力的增長當然有其正面的作用。國家長期的延

---

⑭ Karl A. Wittfogel, *Oriental Despotism*. New Haven: Yale University Press 1957.

⑮ Robert McAdams, *The Evolution of Urban Society: Early Mesopotamia and Prehistoric Mexico*. Chicago: Aldine, 1966. pp. 66-69. Karl Butzer, *Early Hydralic Civilization in Egypt: A Study in Cultrual Ecology*. Chicago University of Chicago Press. 1976. pp. 106-112; Wolfram Eberhard, *Conquerors and Ribes*, Liden: E.J. Brill 1965. pp. 53-60.

續，自然又滋長了我羣意識，同時我羣意識也反饋而強化了國家的存在。文字是新的資訊交流的工具，個人與個人之間，面對面的溝通，可以因有文字而超越時間的限制。因此文字的功能不僅在於為統治機構添了文書檔案的工具，而且也為人類經驗的累積及傳播開闢了一條新的渠道。在前引雅斯培所舉五點文化徵象之中，文字的出現當是最值得注目的一條。樞軸時代的三項發展，亦無不與文字有極大的關係。文字是一種抽象的符號系統，有了這一套符號系統，人方能作理性的思考，也方可彼此交換抽象的經驗。

經驗的累積與交通超越了時空限制，人與人之間的共鳴與刺激方可衍生一層一層的新意義。雅斯培所說的精神生活當卽是人類尋求生活意義的心智活動。雅斯培所說，使別人信服的對象，不外以力量服人及以智慧服人兩項。前者是英雄，英雄引人注目，早在茹毛飲血時代卽為當然的現象。在人類使用文字以前，有一二秉賦特高的人可以其智力令人信服，一二長老，也可以以其有用的個人經驗令人信服。但在有了文字以後，智慧可由累積前人經驗而獲得，也可由抽象思考而發展。智慧遂制度化而成為以文字作為媒介的禮法傳統。掌握文字工具的若干人，例如祝宗卜史，遂成為掌握智慧的一個特殊羣體。縱然這羣人與後世的知識分子迥然不同，為了行文方便，我們仍不妨以「知識分子」一詞稱之。這些知識分子，殆是樞軸文化的締造者。

古代的幾個主要文化——兩河、埃及、中國及印度河流域——都已有文字。然而雅斯培卻不承認兩河、埃及有過樞軸文化⑯。雅斯培的疑難，在於他未能認清兩河古代文化與埃及文化實爲波斯文化、希臘文化以及以色列文化的源頭。於是雅斯培以爲中國文化是一個延續的單元，印度文化是另一個延續的單元，卻將兩河及埃及的文化當作沒有後嗣的單元。若以歷史的延續性言之，波斯祆教的善惡交爭可能早在巴比倫創世傳說中已有其端倪。在巴比倫的創世說 Enuma Elish 中，諸神與眾惡魔本是原水混沌老母的子孫。諸神在惡戰之後，創造了天地萬物及秩序，而眾魔則貶入地下深深的黑暗之中。大神瑪度克(Marduk)本爲眾神之一，因爲諸神都贈給他一分法力，終於爲諸神贏得了勝利，也使瑪度克自己升格爲至高之神。在稍晚的文獻中，諸神都是瑪度克的化身，則瑪度克的地位，離獨一無二的大神，也只差一階了。Enuma Elish 傳說中，有光明與黑暗的鬪爭，有善與惡的衝突，有秩序與混沌的對比，最後則光明與善得勝，建立秩序，萬物由此化生⑰。事實上，兩河文學中，常見兩造對話的寓言，例如牧人與農夫，檉柳與棗木，鋤與斧。無疑的，兩河古老文化已有了二元

⑯ Karl Jaspers, 前引書，頁六一七。
⑰ Alexander Heidel, *The Babylon Genesis*. 2nd edition Chicago: Universty of Chicago Press, 1951. pp. 1-60.

論的觀念⑱。凡此也是祆教中光明黑暗兩元對抗觀念的原始形態⑲。誠然，祆教的發展有伊蘭一印度系統的淵源，然而兩河文化的影響，已由上述諸點可知，也是顯而易見的。瑪度克的成爲主神，以至發展爲復活的神，以色列先知以賽亞對巴比倫與波斯宗教的觀察及所承受的影響，對猶太教中耶和華演變爲普世上帝，有切割不斷的關係。〔舊約〕與巴比倫文獻間的關係更是糾纏不分⑳。同時，雖然埃及史家對埃及阿坎阿騰奉引的一神信仰與其對猶太一神的關係仍爭執不下，既然摩西來自埃及，所謂阿瑪納革命（Amarna Revolutin）的大事，摩西是可能知道的㉑。因此，以色列文化至少其猶太教的一神信仰是在兩河文化與埃及文化的背景下，逐步發展。摩西時代的耶和華崇拜是否眞正的一神信仰，無關於以色列人分別受古代兩大主要文化的影響與刺激。

希臘之成爲希臘，自然須追溯到小亞細亞出現希臘城邦的時代。大約在西元前第九世

---

⑱ 關於兩河文學的兩元觀念參看J. B. Pritchard, *Ancient Near Eastern Texts relating to the Old Testamens.* 4th edition Princeton: Princeton Unin. Press 1975. Vol. II, pp. 142–148.

⑲ 關於祆教的歷史，參看 R. C. Zaehner "The Dawn and Twilight of Zoroastrianism", New York: Putnam 1961.

⑳ Morton Smith, "Isiah and the Persians", *Journal of American Oriental Society*, 83(1963): 415–421, William A. Irwin, "The Hebrews" in H. and H. A. Frankfort, eds. *The Intellectual Adventure of Ancient Man.* Chicago: University of Chicago Press, 1948: pp. 10, 236–237; Alexander Heidel, 前引書頁八二—一四〇。

㉑ William Irwin, 前引文：pp. 224–230; V. Nikiprowetzky 前引文：頁七四—七九。

紀，所謂希臘歷史的黑暗時代已近結束，希臘人接受了兩河文化的影響，包括字母、貿易方式，甚至城邦制度——而在兩河流域，從事商業的城邦及原始民主已存在兩千多年了㉒。事實上，考古學家在近代能夠解讀泥版上楔形文字的兩河古代文獻；希臘學者卻早已翻譯了巴比倫的創世傳說。在希臘古籍中，至少有一件西元前第五世紀的譯文、一件西元前第三世紀的譯文，都記載了Enuma Elish的主要內容㉓。不僅希臘人對於古埃及文化的知識爲彰明顯著的事實，而希臘文化之接受兩河古代文化的影響，也是顯而可見了。

以色列文化與希臘文化都承接了地中海東岸那一條狹窄通道，有不少地方性的文明出現，接受了南北兩大文化的影響，卻又交給了希臘與以色列發揚光大。戈登（Cyrus H. Gordon）根據Ugarit的文獻，指出在傳說與習俗各方面，希臘、希伯萊，與古代的兩河與埃及文化之間，種種交流傳佈的跡象。他的發現，正好塡補了承先啟後的交會點㉔。波斯、希臘與以色列文化在後世的發展都是兩河古代文化（蘇美—巴比倫—亞述）及古代埃及文化的

㉒ Thorkild Jacobsen. "Mesopotamia" in H. and H.A. Frankfort前引書：pp. 128–129, 149, 194–197. Samusl N. Kramer, *The Sumerians*, Chicago: University of Chicago Press, 1963. p. 289.

㉓ Alexander Hiedel. *The Babylon Genesis*. pp. 75–81.

㉔ Cyrus H. Gordon. *The Common Background of Greek and Hebrew Civilizations*. New York; Norton 1965.

子嗣，這幾個文化之間又互相影響，卻能各自發展其特色。雅斯培指出，這幾個文化在西元前第八世紀至西元前第二世紀都經歷了第一次突破的經驗。魏爾會指出突破是隨著崩壞而發生的，但在希臘文化中卻又未見崩壞的背景。若以更長的文化延續關係著眼，這幾個樞軸文化的轉機，可能種因於其祧繼的祖系，我們須在兩河與埃及的古代文化中找尋樞軸時代轉機的前因。中國文化發展的脈絡清楚，由新石器文化而三代（夏、商、周）而春秋戰國時代一系相承，較之中東及地中海地區的眾流交錯，中國的古代文化發展軌跡，可作為考察演變的良好個案。

雅斯培認為中國文化的樞軸轉機在於春秋戰國百家爭鳴的時代。史華慈（Benjamin Schwartz）也為雅斯培此說作更為詳細的說明，指出「道」的觀念是先秦諸家的根本主題㉕。「天不生孔子，萬古如長夜」，孔子到底是先秦諸子中最早而最重要的思想家；其他儒家及諸子百家，或推波助瀾，或辯異責難，基本上都是圍繞著孔子的思想在辯論。因此，以孔子來代表樞軸時代的中國思想方式，可謂事所當然。孔子自己聲稱他的事業只是「述而不作」。的確，孔子所關心的問題，如禮，如德，如天命，都已在詩書中有過相當的討論。孔子提的「仁」與「道」，則是他的貢獻。若說孔子以前，中國古代思想最重要的一次變化，

㉕ Benjamin I. Schwartz "Transcendence in Ancient China" in *Daedalus*, Spring 1975. pp. 57–68.

似乎當是殷周革命之際的天命觀念。傅孟眞先生首先討論性與命的演變，大致現在已是大家共同接受的看法：天命靡常是思想理性化的產物，商代宗神的「帝」轉變爲普世化的道德尊神；不可思議的怪力亂神，轉變爲「唯德是親」、「天聽自我民聽」，更將神意與民意之間劃上了等號。這一次大轉變，等於猶太教耶和華信仰普世化加上希臘文化的尊重人性，在古代世界並世各文化中其重要性，無與倫比㉖。

商周之際，周人發展了天命觀念，大率是由於周人以蕞爾小邦取代了大邑商，自己也覺得不可思議。這一番理性化的過程，可說是對於一個大問號的回答。更往前追溯，商代的思想形態，史闕有間，難以細考。董彥堂先生在商代祀典及卜辭書法發現商代的祭祀儀式有新舊兩派的更迭。卜辭中的先王先公及諸種神祇原本相當眾多，新派的祭祀對象則削減了不少先公及雜神。由祀譜的排列，董彥堂先生發現新派的祭祀有整齊的系統，五種祭典周而復始㉗。這一番新派的改革，也可看作理性化的工作。那些商代的卜史，在淨化簡化祀典時，顯然重現禮儀的價值，卻把對呪術及神話的顧忌置之一邊了。商代祭統，新派及舊派交替出

㉖ 傅斯年，「性命古訓辯證」〔傅孟眞先生集〕。臺北，臺灣大學，1952. Vol III. pp. 91-110, H.G. Cireel, *The Origins of Statecraft in China.* Chicago: University of Chicago Press, 1970. pp. 81-100, 許倬雲，〔西周史〕，頁八七—九六。

㉗ 董作賓，〔殷曆譜〕。南港中央研究院重印本，1964, Vol. I, pp. 2-4.

現，我們可以推論，多一次更迭，這些主管祭儀的卜史，會對於神祇及祖先的神秘性多一番疑問，也會促使他們對宇宙本質、人間秩序，以及天人之際的關係，多作一番思考。周室東遷前後，封建社會起了極大的變動。〔詩經〕「十月之交」一類的詩歌也對於社會秩序提出了疑問，甚至懷疑上天對人間是否眞正關懷？上天是否確實在維持人間的公道㉘。

有了問題，才會有思考；有了思考，才會有突破。因此孔子在樞軸時代的突破，近而言之，是王綱解紐、列國紛爭的大變局，促使他思考。遠而言之，商代卜史對於祀典的疑問及周初天命的觀念，都是樞軸時代思想能夠突破的先河。

然則，哪些人會提出疑問？在商代的貞人卜人，是當時的「知識分子」，他們掌握有關祭儀及占卜的知識，他們也負有記錄的責任。換言之，因為他們有識字與寫字的能力，祝宗卜史成爲對於「傳統」以持守、解釋，及創造爲業，也是爲傳統承先啟後的知識分子。改朝換代，這批知識分子仍舊是知識分子。最近發現的史墻盤銘，記載史墻的祖先歸順周代的經過。在周王及列國的朝廷上，「殷士膚敏，灌將於京」，繼續了他們祖先的工作㉙。〔國語〕「楚語」，觀射父追述祝宗卜史的世系，更遠溯到夏代，在神人分離的時代，他們是神人之間的媒

㉘ 許倬雲，〔周東遷始末〕。中央研究院成立五十週年紀念論文集，南港，一九七八年，頁四九三—五一四。
㉙ 許倬雲，〔西周史〕，頁九九—一〇二。

介，也仍是傳統的持守人㉚。當這些知識分子還在執行他們的祖業時，他們必然一心一意維持傳統的神聖性。但是商代新舊兩派交替時，一定會有一部分知識分子失勢，甚至失業；在殷周之際也可能有一部分貞人卜人失去祖業。周代的貴族，大多是受過六藝教育的新知識分子，在春秋戰國翻天覆地的劇變中，有不少貴族的子孫失去了貴族的地位。孔子的家世即是由宋國卿大夫淪落爲流亡魯國的士。古代的知識分子失業的一些成員，仍舊保有知識分子的條件，他們仍舊知道禮儀和傳統。原來傳統已失去了神聖性，於是傳統的持守人，不能不追問傳統的意義何在？尋找對於傳統的新解釋，甚至提出一些新的宇宙觀、社會觀及人生觀。對於過去視所當然的道理，這些人會提出疑問，也會進一步的思考。史華慈對英文「超越」(Transcendence) 一詞，解釋爲「退後一步，往遠處瞭望」(A kind of standing back and looking beyond)，這是批判的與反省的工作，卻也往往開拓了新視野㉛。

由中國古代史的個案，我們可以歸納幾個要點，當作樞軸時代突破的先決條件。首先，要有相當程度的國家組織（例如三代的國家），庶幾蓄積與集中資源，足以維持社會分工後的若干專業羣。其次必須要有文字，庶幾有累積的經驗及知識，超越人際溝通的時空限制，

㉚ 〔國語〕，〔四部備要〕本，18/1-2.
㉛ Benjamin Schwartz "The Age of Transcendence" in *Daedolus*, Spring 1975. p. 3.

也因此可以累積文化的傳統。前述國家組織與文字的兩大要件配合，則有了一批專業的知識分子（例如祝宗卜史），他們主要的任務是持守傳統，也爲此而發展了傳統的神聖性。單有這樣的專業知識分子若不具有迫使他們作反省工夫的機緣，突破與超越仍不能發生。因此，當時需有族與族之間或文化與文化之間的競爭與對比（例如夷夏之爭、新舊之爭），甚至有興亡起伏的劇變（如商周之際的劇變，或周東遷以後的長期變遷），導致這些知識分子失去了當權貴的地位。他們轉化爲游離的知識分子，失去專業，可是也造成了他們對神聖傳統的疑問。由疑問而反省，而瞿然提出新的見解（如孔子及先秦諸子）。這才能突破與超越了習俗與神秘，把古代文化提昇到所謂樞軸時代的新境界。

以此爲模式，其他幾個古代文化的突破也就不難解釋了。印度恒河流域的雅利安人梵文文化，取代了印度河流域的古代文化，接下去又開啓了佛教及耆那教的樞軸時代文化。這是一個繼續存在的文化體系，應不難與中國古代史上所見的情形互相比較驗證。可惜印度文化的歷史資料極少，年代學尤其不清楚，因此中印的古代歷史簡直不能相比。然而就其可知的部分說，在梵文文化的〔吠陀經〕，例如〔梨俱吠陀〕（*Rigveda*）種姓的分野已經形成。其中婆羅門是知識分子，掌握了梵文的知識——而梵文本身卽是神聖的。婆羅門與刹帝利戰士（Kshatriya）分別屬於兩個種姓，使印度的知識分子早就有其獨立於政治與社會之外的特性。在中國古代同樣的分化卻須在朝代覆滅或邦國喪亡時，方克見之。〔吠陀經〕的內容，主要是神秘主義的咒術，因此儀式極爲重要，甚至細節也不許有所錯失。婆羅門遂成爲專業的祭祀人員。大約西元前七〇〇至五〇〇年間，有一些對此繁瑣作風不滿意的知識分子出現。這些禁慾苦行的林中人，注意到吠陀儀式的空洞，轉而討論人與自然的關係及轉世的意義。若干聖者的敎訓，集合而爲〔奧義書〕（*Upanisads*）。這時印度文化發達，繁榮的城市星羅棋佈，社會上足可以維持以思考爲專業的知識分子。尤可注意，這些聖者不少並非由保守的婆羅門種出身，其中頗有其他種姓的成員㉜。這批聖者的身分，一方面由掌政的剎帝利分化，一方面由保守的婆羅門種分化。他們超然的專業地位，使他們能反省神聖傳統的內容，也提出了新的問題。在這時期前後，印度列國紛爭，情勢與中國的春秋戰國相似。亡國的公子王孫，也淪爲平民。那些別立宗派的聖旨中，有一位瑪哈維拉（Mahavira：西元前五四〇——四六八年）也是亡國的王孫，即創立了耆那敎；另一位佛陀（約西元前五六三——四八三年）原是小國的王子，創立了佛敎。〔奧義書〕提出的問題，在他們手上，終於

㉜ Jan Gonda, *Changes and Continuity in Indian Religion*, Hayal, Moutan, 1965. pp. 273 以下及 377 以下 William T. de Bary (ed.) *Sources of the Indian Tradition*. New York: Columbia University press: 1965 Vol. I. pp. 1-18.

發展爲超越的宗教。

猶太教、祆教，及希臘文化均有相當成分承祧了兩河與埃及古代文化的成果，已在前節談過。因此，上述三個雅斯培認爲有過第一次突破的樞軸時代文化，其超越的先河，當也須在兩河與埃及文化中尋覓了。由另一個角度看雅斯培認爲亞述文化與埃及文化沒有經歷過樞軸期的突破當也可解釋爲時候未到，而需在繼嗣的那些文化中始經歷軸樞性的轉變。不過三個繼嗣文化的構成因子不同、環境不同，在超越與突破發生時，也就各具特色，從而決定了個別發展的方向。

兩河流域的歷史，相當複雜。新石器時代的後期，從事農業的村落開始在幼發拉底河及底格里斯河的河谷平原出現。蘇美文化發展了人類最早的文字，經過亞加底亞（Akkadian）文化、巴比倫文化、亞述文化、加爾底的新巴比倫文化一系列的演變，兩河河谷星羅棋佈的城邦演化爲國家，再進而發展爲大帝國。這三千多年內，兩河流域的政治中心先在下游諸城轉移。在亞述帝國時，則移向上游，而巴比倫城仍是文化中心。兩河河谷是四戰之地，進入河谷平原的外族，爲數眾多，包括由西方沙漠進來的內族，及由北方高原、東方山地過來的卡賽人、伊藍人等族屬。西北徼外，地中海的西端，有不少小國，介於兩河與尼羅河谷之間，有時服屬兩河，有時獨立自主，在文化上這些小國，例如米旦尼（Mittanne）、西臺

(Hittites) 都受兩河文化的影響，其文字也都藉楔形文字字母拼音。因此，兩河流域不僅有發展的國家組織，文化上還有多元的刺激與激盪。朝代興亡，民族盛衰，更是頻繁。

兩河的知識分子，原是各城神廟的祭司與僧侶。但是兩河由城邦時代，即有興旺的商業。爲了貿易需要，這些知識分子中已有不少以記帳寫信爲專業。換句話說，兩河的知識分子中有一部分早已分化爲世俗性的成員，不再受宗教性與神聖性的約束。另一方面，帝國首都以外各城邦的神廟，持有大量的財富，也有地方性的專業，但是未必分享王權的政治地位。各城邦的神祇，雖然在多神信仰的系統下，納入家族及神祇會議的組織，到底仍保留各地方神的獨立性。因此即使神廟的祭司，也不是獨占神聖性格的知識分子㉝。這種多元性的知識分子，因爲並非人人都佔了當令的位置，也不必持守一定的傳統，遂可有較大的自由，從事對於現存秩序的反省。朝代興衰，亂多治少，也使知識分子搔首問蒼天，追問現世的各項價值。

㉝ 關於兩河古代知識分子的工作及事業，參看 Edward Chiera, *They wrote on Clay*. Chicago: University of Chicago Press 1938. pp. 67-89. 165-175; A. Leo Openheim "The Position of the Intellectuals in Mesopotamian Society" in *Daedolus*, Spring. 1975. pp. 37-44. 關於宗教的多神及易變性，參看 A. Leo Openhein: *Ancient Mesopotamia*. 3rd edition Chicago: University of Chicago press, 1968, pp. 182-183. 194-195.

因此，兩河古文化的創世傳說 Enuma Elish 以神話的形式，解釋世界由混沌而產生秩序的過程，其中卻把眾神與諸魔都歸於同一根源的混沌原水。秩序只是由權威產生，以維持宇宙的存在、諸力的運作㉞。瑪度克從眾神中取得了法力，不僅成為眾神之王，而且在亞述帝國的晚期，個別的神都當作瑪度克的諸多功能中之一。例如月神西恩（Sin）是瑪度克在夜間管光，風雨之神阿多德（Adod）是瑪度克的雨水，農業之神尼內塔（Nineta）是瑪度克的鋤頭。雖然這些眾神並未由兩河的宗教與神話消失，而瑪度克的名字已代表了神性神力的觀念㉟。這一現象是對於神性神力的歸納。雖然兩河的宗教從未發展為一神信仰，神性的抽象化，卻也是宗教發展為理性化的一大步。

鳩格米西（Gilgamesh）是半人半神的英雄，他與其天降的伙伴恩奇度（Enkidu）憑仗勇力，殺魔取寶，完成了凡人不能勝任的任務。可是饒他英勇，卻闖不過死亡的關口。恩奇度病死了，鳩格米西不能拉他回來，於是鳩格米西追尋不朽。他尋遍天涯海角，找到天降洪水刧餘的不死老人，卻只聽到了降水大刧的故事，取得了青春樹的樹枝，卻又在中途失去。

㉞ Thorkild Jacobsen "Mesopotamia", in H. and H.M. Frankfort: *The Intellectual Adventure of Ancient Man*. pp. 175–183.

㉟ Thorkild Jacobsen: *The Treasure of Darkness*, New Haven: Yale University Press, 1976. pp. 234–236.

最後，他接受了人必死的命運，讓自己留下的功業留在人間，讓記憶代替肉體的不朽不壞㊱。

鳩格米西詩歌是人類最古老的長詩。在兩河文獻中，有過無數泥版抄本，也有不同方言的版本，可說是兩河文學的重要作品。可惜因爲太多次傳抄，我們只知其最早的母型約在西元前二〇〇〇年即已出現，而到了波斯帝國時仍傳流不衰㊲。長詩中包含了整篇降水故事，後者與〔舊約〕中諾亞方舟的故事有明白的傳承關係。鳩格米西詩歌充分表露了人類對於死亡無可奈何的恐懼。結局時，鳩格米西倦遊歸來，知道終不可逃避死亡，不如在有生之年樂享餘下的歲月，也滿足於盡心盡力在人間留下了他的功業：壯偉的 Uruk 。在這首古老詩歌裏，人類第一次面對命運與人類意願，反省生死的大問題。詩中沒有獎善罰惡及天堂地獄的觀念，人死了即不再能復生，任何人死後也只有淪入黑暗的黃泉。因此，兩河文化對生死問題的反省，還沒有發展到猶太敎與祆敎的水平。由於這個故事長久的在兩河傳流，其母題之出現，未能與任何特定的史事相關，大約只是知識分子對這永恒問題的反省。

㊱ Alexander Heidel, *The Gilgamesh Epic and Old Testament Parallel*, Chicago: University of Chicago Press, Phoenix edition, 1963.

㊲ 同上，頁一四一一五。

兩河文獻中，早在蘇美時代，就有向神怨訴苦求的文字，在亞加底亞時代也有「頌主篇」(Ludlul Bel Nemeqi) 及「巴比倫神義篇」(Babylonian Theodicy)，內容都不外訴說世界種種不平及人生的諸般不幸，其語氣與〔舊約〕中的「約伯書」 (Book of Job) 甚爲類似㊳。不過，在兩河文獻中，受苦的個人只是籲求神力的援手，甚至自承罪辜，自怨自艾。反之，「約伯書」中，人在最後承認，人太渺小，不能預測或改變神的意志。兩河文化雖有個人特別侍奉的神；以色列的猶太敎卻將個人的神擴大爲宗神及普世的神㊴。是以，雖然兩河的文獻提出了爲何人類有疾病苦難的困擾，甚至也提出了善不得報，惡不得罰的疑問，終究只是對問題的反省，卻還沒有給予超越的意義。

綜合兩河文化顯示的現象，那些知識分子已對於生死苦樂及神人之際的關係作了一番深入的思考。兩河文化的知識分子並不限於朝廷與神廟工作；他們從事多種多樣的工作，是以在他們舉首問天時，他們關懷的主體是一般性與生活性的生死苦樂，卻未必把關心的範圍縮小到王權性質及國家興亡方面。也正因爲他們關注的問題不在廟堂，對反映他們思考的文獻也就不必一定與歷史上的大事件(例如改朝換代、民族盛衰之類)發生時間上的同步現象了。

㊳ James B. Pritchard, (ed) *The Ancient Near East*, Princeton: Princeton University Press, 1975. Vol. III. pp. 136-141, 148-167.

㊴ Thorkild Jacobsen, *The Treasures of Darkness*; pp. 161-164.

再以古代埃及文化的演變為例，我們發現迥然不同的現象。埃及舊王國文化充滿了樂觀自足的氣氛。埃及人在尼羅河流域閉關自守，東西兩邊都有沙漠為屏障，上游是湍急的河谷，河口外面是廣大的地中海，由兩河世界到尼羅河谷，只有沿著巴勒斯坦一條狹路，跨過紅海的地頸，始能進入河口沖積平原。尼羅河一年一度泛濫，可耕地雖只是狹窄的河谷平原，卻肥沃可靠，足夠養活並不眾多的人口。於是埃及人以為古往今來，這樣的世界永遠可以維持這樣的秩序。甚至死亡若不是現實世界的延伸，也只是現世生命的凍結。埃及的神祇多不勝數，然而法老是神也是人，只要有法老擔任神人之間的關係，宇宙的秩序與世俗都可安定不變㊵。

埃及的安定不能永遠不變。西元前二〇二五年到二〇〇〇年間，舊王國分裂，幾個地方勢力各別稱王，互不相下，內戰的文獻中出現了許多悲觀厭世的作品，對於現實的變亂惶惑不解。甚至有一篇寓言，以一個人生與他自己的靈魂討論自殺的後果。最後靈魂同意了人世無甚意義，不如早赴陰世㊶。在這動亂的時代，埃及人曾認眞的思考生命的意義及社會的秩

㊵ John A. Wilson, *The Culture of Ancient Egypt*, Phoenix edition, Chicago: University of Chicago Press, 1956: pp. 69-103; Henri Frankfort, *Ancient Egyptian Religion*, New York, Haper and Row, 1961, pp. 30-46.

㊶ John Wilson, 同上，頁一〇六—一一六。

序。本文會提到過魏爾的崩壞理論，是一窮極之時不能不求解釋的困境，埃及的困境倒還當眞由窮極而變，找到了一個新的觀念。在舊王國時代，埃及文獻中並無明顯的道德觀念及是非觀念。在這動亂的第一次中間期，道德的觀念出現了。引申爲眞理、公平與正義的意義，也引申爲是非之是與對錯之對。世上的貧富榮枯，都不如 Ma'at 重要㊷。不過 Ma'at 也始終保持神聖秩序的神秘意義，與混沌相對的秩序㊸。是以，埃及的 Ma'at 到底不是理性突破的產物。魏爾所謂崩解之後的突破，在埃及未出現。當中王國再度統一埃及，埃及的自信又恢復了。而 Ma'at 也只是神聖秩序，不再與平常人的生活相關了㊹。

埃及文化史上另一次嚴重的反省是阿抜阿騰（Akh-en-Aton，西元前一三六九——一五三一）時的一神信仰運動。埃及的多神信仰，在王國統一後，不能不組成一個神祇系統，其中主神阿蒙瑞(Amon-Re) 不僅已是兩個大神的合一，而且因爲阿蒙瑞與法老是天上與人間相對應的主體，阿蒙瑞縱然不是獨一的尊神，也已是衆神之神了㊺。在阿抜阿騰手上，太陽神阿騰（Aton）成爲崇拜對象，以日輪爲其形象，此外所有的神祇都不再在崇拜之列。阿抜

㊷ John A. Wilson, 前引書，頁一一八—一二三。
㊸ Henri Frankfort, *Ancient Egyptian Religion*: pp. 53–55.
㊹ John. A. Wilson, 前引書，頁一四三—一四四。
㊺ Henri Frankfort, *Ancient Religion*: pp. 22–27.

阿騰不惜得罪各處神廟的祭司，甚至遷都到沙漠裏的阿瑪納（Amarna）。在埃及史上，阿坎阿騰的宗教革命僅是一幕短暫的插曲。在他生前，各處神職人員已聯合了其他反抗的力量，擠垮了新宗教的統治。阿坎阿騰死後，信仰便連根拔掉，歷史甚至不記載這一段史實。

這次阿瑪納宗教革命是人類第一次提出了一神信仰，阿坎阿騰實際上已宣稱，其他的神都是假的，只有阿騰是唯一的眞神㊻。不過，阿騰信仰也許只是由眾神合一的觀念更進一步，正如阿蒙瑞是眾神的綜合體（Syncretism）。即使阿坎阿騰強調只有阿騰是唯一的神，阿騰卻並未演化爲普世的神，而只是埃及的神㊼。由此，阿瑪納宗教革命的意義仍然只是埃及人反省的經驗，阿騰信仰的信徒到底未能以理性超越多神的神話與詩歌的經驗，也未能超越民族而發展民胞物與的境界。

埃及的知識分子，幾乎全是神廟及政府人員。兒童學書的目的只在可以擔任文書工作，不僅不必如農夫一樣的操勞，而且可以藉文字而不朽㊽。埃及的古代文獻，多爲宗教性或官方性的作品。兩河文獻中常見的平民與商業文件，在埃及古文化遺物中極爲罕見。這一現象

㊻ John A. Wilson, *The Culture of Ancient China:* pp. 208-224.

㊼ 同上，頁二二四—二二五。

㊽ John, A. Wilson, *The Culture of Ancient Egypt:* pp. 261-263.

不僅可以由遺址性質來解釋——埃及出土的遺址不是墳墓即是宮殿或神廟；也可以由文字使用的性質來解釋——埃及古文字是宗教與政府的工具，不是一般人的工具。由此我們也不難理解，兩河知識分子在反省與超越過去的經驗時，其關懷主題是生活的，例如生與死的問題。反之，埃及的反省與超越則是政治與宗教的，例如 Ma'at 的觀念及阿瑪納宗教革命。

兩河文化與埃及文化是兩支泉源。接下去的祆教、猶太教及希臘文化，又各自在兩大泉源的基礎上發展其樞軸時代的文化。簡化的說，祆教接下了兩河流域的二元論，可是超越了神話的神魔同源而發展為善惡的鬥爭。猶太教的一神信仰，超越了宗神族神及多神的綜合，而成為普世的道德的神。猶太教的先知，不是政治權力的一部分，因此耶和華與信徒的關係，也是直接的。兩河文化中的諸神，原是自然現象的象徵與代表的符號。Enuma Elish 的傳說，原是由混沌產生秩序的反省。希臘文化拋去了神祇的代號，卻由宇宙間的力量與秩序，發展為希拉克里特（Heracltius）的道（Logos）及畢達哥拉斯的數[49]。

中國在孔子以前反省的主題是天命靡常，印度在佛教以前反省的主題是人生無常。這兩個主題在兩河文化與埃及文化中都出現了。

由基督教世界的眼光看歷史，布朗塔（Alfred Braunthal）以為人類永恒的追尋最初是

---

[49] H.M. Frankfort, *The Intellectual Adventure of Ancient Man*: pp. 380–383.

求超越現實世界的救恩與解脫（Salvation）。在啟蒙時代人本思想抬頭時，人類才轉而追尋在現實世界建立完美的社會[50]。這一番意見，在西方歷史的演變而言，誠爲不虛。我們卻也不妨以解脫與完美社會當作人類自古追尋的兩個目標，只是各文化在這兩個目標之間，各有偏重。中國文化代表追求於完美社會的一端，印度文化著重尋求解脫的一端。在兩者之間，埃及文化接近中國模式，兩河文化接近印度模式，卻不妨個別的夾雜了對另一項目標的關懷。

在古代知識分子面對有反省的需要時，他們已掌握了當時認爲神聖的知識。他們也將這些知識重予界定，賦予新的內容。他們在中國是祝宗卜史，在印度是婆羅門，在兩河與埃及是祭司。但在祝宗卜史轉化爲士，婆羅門轉化爲林中苦行的聖者，而祭司轉化爲流動的文士時，這些擺脫了傳統約束的知識分子開始要反省所自出的傳統了。他們反省的經驗，猶如高懸天際的大問號，將不斷刺激後世的知識分子，也參加追索答案的行列。在稍後的時代，有一些知識分子，更爲游離於現實權力之外，例如沒落的貴族、亡國的王孫、失去故國的先知，及新興城邦的公民，終於個別的提出了更超越更普世的觀念。這就是雅斯培所論的第一次

---

[50] Alfred Braunthal, *Salvation and the perfect Society*, Amhert: The University of Massachusetts Press, 1979.

突破。因此，突破並非一定要在崩壞之後，崩壞的過程會導致若干知識分子游離爲獨立而超然的思考者。不過，崩壞的過程並不是可以造成游離分子的唯一過程。經濟發展可以累積更多的資源，使社會有能力維持專業的知識分子；社會與政治制度的改變，也會使有些階層轉化爲新型的知識分子（如士與刹帝利的轉化，如希臘公民的出現）。總之，人類思想的第一突破是反省經驗累積的後果，也與專業而獨立的知識分子的出現，當有密切的關係。

索　　引

一　　劃

二　　劃

三　　劃

四　　劃

五　　劃

六　　劃

七　　劃

八　　劃

九　劃

十　劃

十一劃

十二劃

十 三 劃

十 四 劃

十五劃

十六劃

十七劃

十八劃

十九劃

二十劃

中國古代文化的特質

2021年1月二版　　定價：新臺幣480元

著者　許倬雲

出版者	聯經出版事業股份有限公司	副總編輯	陳逸華
地址	新北市汐止區大同路一段369號1樓	總編輯	涂豐恩
叢書主編電話	(02)86925588轉5305	總經理	陳芝宇
台北聯經書房	台北市新生南路三段94號	社長	羅國俊
電話	(02)23620308	發行人	林載爵
台中分公司	台中市北區崇德路一段198號		
暨門市電話	(04)22312023		
台中電子信箱	e-mail：linking2@ms42.hinet.net		
郵政劃撥帳戶第	0100559-3號		
郵撥電話	(02)23620308		
印刷者	世和印製企業有限公司		
總經銷	聯合發行股份有限公司		
發行所	新北市新店區寶橋路235巷6弄6號2F		
電話	(02)29178022		

行政院新聞局出版事業登記證局版臺業字第0130號

本書如有缺頁，破損，倒裝請寄回台北聯經書房更換。　ISBN 978-957-08-5694-1 (精裝)
聯經網址 http://www.linkingbooks.com.tw
電子信箱 e-mail:linking@udngroup.com

國家圖書館出版品預行編目資料

中國古代文化的特質 / 許倬雲著 . 二版 . 新北市 .
聯經 . 2021.01 . 170面 . 13×21公分 .
含索引
ISBN 978-957-08-5694-1 (精裝)
[2021年1月二版]

1.中國文化 2.古代史

630　　110000145